Die Schweiz
mit dem Zug entdecken

Unser komplettes Programm:

www.geramond.de

Produktmanagement: Dr. Wolf-H. Kulke
Layout: Schmid-PrintMedien, Freising
Repro: Cromika S.A.S., Verona
Herstellung: Anna Katavic
Bettina Schippel
Printed in Italy by Printer Trento S.r.l.

Alle Angaben dieses Werkes wurden von den Autoren sorgfältig recherchiert und auf den aktuellen Stand gebracht sowie vom Verlag geprüft. Für die Richtigkeit der Angaben kann jedoch keine Haftung übernommen werden.
Für Hinweise und Anregungen sind wir jederzeit dankbar. Bitte richten Sie diese an:
GeraMond Verlag
Lektorat
Postfach 400 209
D-80702 München
E-Mail: lektorat@geramond.de

Die Deutsche Nationalbibliothek verzeichnet diese Publikation in der Deutschen Nationalbibliografie; detaillierte bibliografische Daten sind im Internet über http://dnb.d-nb.de abrufbar.

© 2011 GeraMond Verlag GmbH,
München
ISBN 978-3-86245-124-1

Die Schweiz
mit dem Zug entdecken

Ralph Bernet

*Informationen,
Bahn-Routen
und 99 Bahn-Erlebnisziele*

*Bearbeitet von
Dietmar Beckmann*

Inhaltsverzeichnis

Das Eisenbahnsystem der Schweiz 7
»Die Bahn pfeift und alles rennt« 8
Von der Romandie bis zum Rhein 11
Bahnreform bei den Bundesbahnen 14
Starke Partner für Randregionen 17
Neue Linien, schnelle Züge 21
Neue Gleise braucht die Stadt 23
Auf steilen Schienen 25
Frischdampf aus vollen Rohren 29
Vom Einheitswagen zum Dosto 2000 31
Von Licht und Gemütlichkeit auf Schienen 33
Gute Reise dank guter Preise 35
Halbe Preise: das Ei des Kolumbus 36
Der Weg ist das Ziel 37
Ein Sitzplatz auf sicher 38
Konsumparadies Bahnhof 39
Vom Dienst am Bahnkunden 41
Mit dem Velo im Huckepack 43
Und ewig lockt das Automobil 45

Die 7 schönsten Fernstrecken 47
Kehrtunnels und Klimaschock 48
Die private Alpentransversale 52
Durch den Simplontunnel 56
Durch die Kluse an den Genfer See 58
In die Ferienecke der Schweiz 62
Gegen den Strom 66
Eiger, Mönch und Jungfrau 68

99 Bahnziele in der Schweiz 71
Matterhorn und Champagnerluft 75
Schienenzauber in der Westschweiz 77
An den Fuß des höchsten Berges 79
Das Berner Oberland bis unters Dach 81
Der schnelle Kurvenflitzer aus Italien 83
Im schnellsten Zug der SBB 84
Von der Elbe zur Jungfrau 85
Sich in den Schlaf schaukeln lassen 86
Die SBB legen sich in die Kurve 87
Mit fast zu viel Promille 88
Ohne Zahnrad auf 2.253 m 89
Schweizer Bahn in Deutschland 90
Vom Bodensee zum Vierwaldstätter See 91
Vom Vierwaldstätter See zum Genfer See 92
106 Prozent Bahnerlebnis 93
Kurioses Bähnchen mit Blick auf Montblanc 94
Über tosende Wasserfälle 95
Top of Europe 96
Mit »Belle Époque« ins 21. Jahrhundert 98
Über dem achthundert Meter tiefen Abgrund 99
Frischdampf braucht der Berg 100
Hoch über dem Nebel 102
Viel Promille am Berg 104
Zurück zum Dampf 105
Kletterkünstler über dem Rhonetal 106
Das Matterhorn auf dem Rücksitz 107
Das Migros-Bähnchen 108
Die längste Tram Europas 109
Auf schmaler Spur ins Baselbiet 110
Kleiner Pass am Weg 111
Triebwagen aus fünf Generationen 112
Minibahn mit zwei Fahrzeugen 113
Durch den Zürcher Urwald 114
Tief im Innern des Berges 115
Aus zwei mach eins 116
Durch Mostindien und Euregio 118
Am Fuße des Säntis 120
Small is beautiful... 121
Einst Dampfstraßenbahn 122

Mit einem einzigen Triebwagen	123
Mit Dampf, Aussichts- und Gelenktriebwagen	124
Kurze Stichlinie durch die Kluse	125
Zwei Reisen durchs Mittelland	126
Eiszeitliche Muldentäler mit Bahnverbindung	127
Roter Zug im grünen Hügelland	128
Futuristisch anmutende Pendelzüge	130
»Bipperlisi« und ihre 750.000 Reisenden	132
Die Seeländische Lokalbahn	133
Im Wandel der Zeit	134
Steile Rampe vor dem Klosterdorf	135
Kraftwerksbahn mit Personenverkehr	136
Zwei komplette, zusammengekuppelte Züge	137
Alptransit-Monopoly	138
Die Reise zum Matterhorn	140
Von Schluchten und Pässen	141
Natur pur auf Schmalspur	143
Panzer und Touristen	147
Ein Kind der Lotterie	148
Fast wie in Skandinavien	149
Panoramaterrasse über dem Genfer See	150
Zwischen Genfer See und Greyerzerland	151
Erste Schmalspurbahn der Schweiz	152
Grenzbahn zwischen Rhone und Montblanc	153
Bernhardinerhunde	154
Steil, schnell und stark	155
Von den Rebbergen zu den Juraweiden	157
Die erste elektrische Normalspurbahn	158
Dunkles Tal, weiter See	159
Schweizer Regionalbahn nach Frankreich	160
Privatbahn ohne eigenes Rollmaterial	161
Das Werk eines einzigen Mannes	162
Eine Zahnradbahn als Metro	163
Nahverkehrs-Triebwagen nach Stadtbahn-Bauart	164
Vier Bahnen in vier Tälern	165
Über tiefe Schluchten und enge Felsspalten	167
An den See und an die Grenze	168
Mit Volldampf über die Passhöhe	169
Zeugen der Vergangenheit	170
Rauch zwischen jungen Bäumen	171
Seen, Dampf und Zahnstangen	172
Die erste Museumsbahn der Schweiz	173
Zwei Dampf- und Dieselloks	174
Die auferstandene Tram	175
Mit Dampf und Diesel am Genfer See	176
Stellenlose revidieren Dampflok	177
Respektables Werkstattdepot in St-Sulpice	178
Kleine Schweiz ganz klein	179
Einmal selbst Lokomotive fahren	180
Blinde Kühe und Schlangen auf der Züri-Linie	181
»Dante Schuggi« und »Guggumere«	182
Dichter Verkehr mit Achtachsern	183
Tram oder Vorortbahn?	184
Genf sieht die Zukunft mit Tram	185
Am längsten Schmalspurtunnel der Welt	186
Das Labyrinth der Bahn	187
Auf und ab über dem NEAT-Loch	188
Höhenweg mit Wasserleitung	189
Erlebnis Wasserkraft	190
Von Vietnam zum Furkapass	191

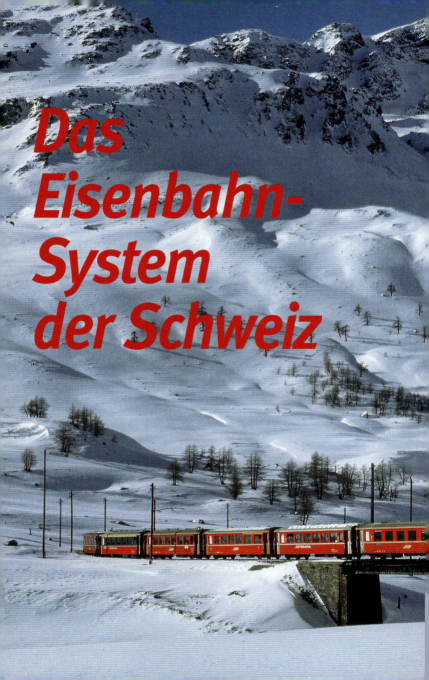

Historischer Rückblick

Lastprobe mit drei Dampfloks auf der Rohrbachfallbrücke bei Wassen.
Foto: Archiv Verkehrshaus der Schweiz

»Die Bahn pfeift und alles rennt«

Über 150 Jahre Schweizer Bahnen

1997 war ein denkwürdiges Jahr für die Schweizer Bahnen. Am 7. August 1947 dampfte zum ersten Mal in der Geschichte ein Schweizer Zug. Man hatte also allen Grund, das 150-jährige Bestehen gebührend zu feiern. Von den Schweizerischen Bundesbahnen wurde das Ereignis nach allen Regeln der Wettbewerbskunst vermarktet. »Sponsoring« hieß das Zauberwort. Anlässlich der »MEGA«-Anlässe durfte nur verkaufen, wer zuvor seinen Obolus in Form einer fünf- bis sechsstelligen Summe abgeliefert hatte. Fast überkam einen dabei das Gefühl, die SBB feierten ihr eigenes Jubiläum. Dabei wurden die Schweizerischen Bundesbahnen erst im Jahre 1902 gegründet, bei Redaktionsschluss gerademal hundertjährig. Vorher war das Schienennetz ganz in der Hand der Privatbahnen. Misswirtschaft, Verschuldung und Überkapazitäten führten schließlich dazu, dass ein großer Teil des Schweizer Eisenbahnnetzes um die Jahrhundertwende verstaatlicht wurde. Zwar begingen auch zahlreiche private Bahnunternehmen das Jubiläum – doch viele hatten nicht die Mittel, um einen groß angelegten Anlass auf die Beine zu stellen.

»Die Bahn pfeift und alles rennt«, kommentierte der Tagesanzeiger etwas spöttisch und nicht gerade sehr eisenbahnfreundlich den MEGA-Anlass von St. Gallen. Doch wo sich Heerscharen von bis zu 180.000 Besucher einfinden, scheint auch wirklich was los zu sein. Für die SBB war das Jubeljahr jedenfalls ein voller Erfolg.

Der runde Geburtstag wurde viel beachtet und ging dank der Anstrengungen der Bundesbahnen als der Anlass des Jahres in die Geschichte ein.

Im Vergleich zu den Nachbarländern begann das Eisenbahnzeitalter in der Schweiz relativ spät. Ein Grund dafür

Historischer Rückblick

liegt sicherlich in den ungünstigen topografischen Bedingungen, ein weiterer bei den Finanzierungsproblemen. Der Hauptgrund dürfte jedoch im extremen Föderalismus der Eidgenossenschaft bis zur Gründung des Bundesstaates im Jahre 1848, aber auch noch danach zu suchen sein.

Eigentlich ist auch gar nicht das Jahr 1847 der Beginn des Eisenbahnzeitalters in der Schweiz. Bereits zwei Jahre zuvor, nämlich am 11. Dezember 1845, fuhr der erste Zug im Land. Er dampfte von Frankreich nach Basel, wo er in den ersten internationalen Bahnhof der Schweiz einfuhr. Die Tore des Kopfbahnhofs wurden übrigens nachts geschlossen, denn sie bildeten einen Bestandteil der damals noch existierenden Stadtmauer.

Anfänglich begegnete die Bevölkerung noch mit großer Skepsis dem neuen Verkehrsmittel. Deutsche Ärzte warnten vor der hohen Geschwindigkeit von bis zu 40 km/h und der Rauchbelästigung. Sie behaupteten, die Fahrgäste würden dabei in ein Delirium fallen. Doch nicht nur die Deutschen, auch die Schweizer schlugen die Warnungen in den Wind und bauten ihr Eisenbahnnetz aus. Überall schossen wie Pilze Privatbahngesellschaften aus dem Boden. Viele glaubten damit ein Vermögen verdienen zu können. Die industrielle Revolution heizte auch das Eisenbahnfieber an.

Von 1852 bis 1872 waren Bau und Betrieb von Eisenbahnen den Kantonen überlassen, von 1873 bis 1902 lag die Eisenbahnhoheit beim Bund. Viele wichtige Ereignisse wie der Bau des Simplontunnels, der Rhätischen Bahn oder das Erscheinen der ersten elektrischen Lokomotive fielen in die überaus bewegte Zeit zwischen 1887 und 1936. Nach dem Zweiten Weltkrieg folgte der große Aufschwung. Die meisten Strecken waren gebaut, nun ging es an die vollständige Elektrifizierung. Dampflokomotiven verschwanden von der Bildfläche – das letzte planmäßige SBB-Dampfross fuhr am 30. November 1968. Die Bundesbahnen, wie so oft dem Neuen gegenüber skeptisch, stiegen erst spät in die elektrische Traktion ein, nachdem sich bei den Privatbah-

Bahnhofsstimmung in den Zwanzigerjahren: Basel mit Glasbedachung. Foto: Archiv Schweizer Verkehrshaus

Historischer Rückblick

Gegensätze: Dampflok Ec 3/4 Nr. 6399, 1862 für die Jura–Simplon-Bahn gebaut und der InterCity-Neigezug (ICN), ab 1999 am Jurasüdfuss im Einsatz.
Foto: Archiv Schweizer Verkehrshaus (oben),
Foto-Service SBB (unten)

nen – den eigentlichen Wegbereitern der Elektrifizierung des Bahnnetzes in der Schweiz – das Fahren mit Strom bereits erfolgreich etabliert hatte. Die erste elektrische Tram nahm bereits 1888 den Betrieb auf, die SBB bestellten hingegen zwischen 1913 und 1917 noch eine Serie von fabrikneuen Dampfloks. Als letzte Strecke wurde die Monte-Generoso-Zahnradbahn elektrifiziert. Sie erhielt ihren Fahrdraht erst 1984, vorher fauchten bzw. brummten Dampf- und Dieselloks den Berg hinauf.

Die neue Bahn hielt schließlich mit neuen Farben Einzug. SBB und Privatbahnen glaubten, dass nicht nur ein Komfortsprung sondern auch eine optische Aufwertung notwendig wäre. EW IV und ICN sind bei den Bahnreisenden beliebt. Die modernsten Loks ziehen nur Güterzüge. Als Serie 482/484 stammen sie aus der Traxx-Familie von Bombardier und sind mit der DB-185 eng verwandt. Bahn+Bus 2000 und NEAT sind im Bau. Die Schweizer setzen auch in Zukunft auf die Bahn. In der vorläufig letzten Volksabstimmung zu Bahn 2000 und NEAT vom November 1998 entschieden sich die Schweizerinnen und Schweizer für die Milliarden-Bauvorhaben. Von den Tunnelportalen in Erstfeld und Bodio sowie von drei Zwischenangriffen (Amsteg, Sedrun, Faido) fraßen sich seitdem die Bohrmaschinen durch das Gebirge. Am 15.10.2010 gelang der Durchstich des mit 57 km längsten Eisenbahntunnels der Welt. 2017 soll er fertig sein. Der 34,6 km lange Lötschbergbasistunnel zwischen Frutigen und Visp ist sogar bereits seit 2007 in Betrieb und verkürzt die Fahrzeit Basel – Italien um eine halbe Stunde.

TIPP

Die Lokomotive atmet einen giftigen Rauch aus, welcher die Atmosphäre verpestet, welcher Vögel tötet und Menschen krank macht. Der Himmel wird durch den Rauch verfinstert, dass die Sonne nicht mehr hindurch scheinen kann. Die in der Nähe der Bahn befindlichen Häuser werden durch die Funken aus dem Schornstein der Lokomotive in Brand gesteckt. – Die Hühner können nicht mehr fressen, die Landwirtschaft muss aufhören zu sein, da es keine Pferde mehr geben wird, um das Heu zu fressen. Die Reisenden selbst sind jeden Augenblick höchsten Gefahren ausgesetzt, der explodierende Kessel muss sie in Stücke reißen, und ihre Anverwandten können ihnen dann nicht einmal ein ordentliches christliches Begräbnis bereiten.

Anekdote um das Jahr 1840 in der Nationalzeitung

Streckennetz

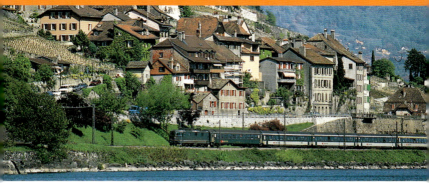

Rebberge am Genfer See – die SBB fährt am See von Genf nach Montreux.   *Foto: Ronald Gohl*

Von der Romandie bis zum Rhein

Ein weit verzweigtes Streckennetz

Trotz der vielfach schwierigen topografischen Lage besitzt die Schweiz das flächenbezogen dichteste Verkehrsnetz der Welt. Zwei Drittel aller Schweizer erreichen in nur fünf Gehminuten von ihrer Wohnung aus ein öffentliches Verkehrsmittel. 5.322 Bahnkilometer erschließen das Land mit seinen rund sieben Millionen Einwohnern. 3.005 km des eng geflochtenen Netzes betreiben die Schweizerischen Bundesbahnen (SBB). Dabei werden 740 Bahnhöfe in 22 Kantonen bedient. 46 Privatbahnen, 13 Zahnradbahnen und fünf Trambahnen stellen den Verkehr auf 45% aller Schienenkilometer sicher. Unter dem Motto »jede Stunde ein Zug« entscheiden sich jährlich rund 955 Millionen Reisende für eine Fahrt im umweltschonenden Verkehrsmittel Bahn.

Eisenbahnen in der Schweiz – eine Reise durch das offizielle Kursbuch beginnt am Genfer See. Viele kleine, teilweise wenig bekannte Privatbahnen steigen vom Ufer des Genfer Sees die hügelige Topografie hinauf. Auch die Montreux–Oberland Bernois (MOB) hat ihren Ausgang am Genfer See, fährt die Rebberge hinauf, überquert die Sprachgrenze und endet im bernischen Zweisimmen bzw. Lenk. Sicher die wichtigste Verbindung ist die Rhônetal-Linie Genf–Lausanne–Brig. Sie findet ihre Fortsetzung durch den fast 20 km langen Simplontunnel bis ins italienische Domodossola. Von Brig aus verkehrt aber auch die touristisch sehenswerte BVZ-Zermatt-Bahn ins Mattertal, und von dort aus die Gornergratbahn bis auf eine Höhe von über 3.000 m ü. M. (Kursbuchstrecken 100–156).

Hierzulande gibt es aber nicht nur himmelhohe Berge und kurvenreiche Alpenbahnen. Auch das flache, westliche Mittelland mit den Städten Bern, Biel, Neuchâtel und Fribourg gehören dazu, ebenso die interessanten Hügelzüge des Juras. Die Kursbuchstrecken 200–296 überziehen ein geografisch

Streckennetz

großes Gebiet. Sie reichen von Basel über die gesamte Jurakette bis nach Lausanne. Im Osten kommt man mit der Gürbetalbahn bis nach Thun. Besonderes Interesse verdient natürlich die schmalspurige Chemins de fer du Jura. Sie ist 1944 durch die Fusion von vier Bahngesellschaften entstanden. Auch der Kanton Freiburg leistet sich seine eigene Bahn, die tpf, sie verfügt über ein 98,5 km langes Netz mit Normal- und Schmalspurbahnen.

Wer denkt bei der Schweiz nicht an imposante Viertausender? Alles zu haben im Berner Oberland. Die Hauptstrecken (300, 310) gehören hier der BLS. Dann gehört neben der berühmten und landschaftlich einmaligen Lötschbergbahn durch den Scheiteltunnel (Kandersteg-Goppenstein) auch der 2007 eröffnete, 34,6 km lange Lötschbergtunnel, durch den nun die meisten Fernreise- und Güterzüge fahren. Sie bedient aber im Simmental auch kleine Bergdörfer zwischen Spiez und Zweisimmen. Ganz auf Tourismus ausgerichtet sind die Bahnen der Jungfraugruppe. Die Holding verwaltet mehrere schmalspurige Privatbahngesellschaften im Raume Interlaken, Grindelwald und Wengen. Sie zählt zu den rentabelsten Bahnen der Welt und schreibt jedes Jahr einige Millionen Franken Gewinn. Bestes Pferd im Stall ist natürlich die Jungfraubahn, mit ihr erreicht man den höchstgelegenen Bahnhof in Europa (3.454 m ü.M.).

Zur Schweiz gehören aber auch das Emmental und Entlebuch, eine kernige Region mit stolzen Bauern, fruchtbaren Hügeln und allein stehenden Höfen. Einen Großteil der Kursbuchstrecken 410–460 bewältigen die roten Züge des Regionalverkehrs Mittelland (RM), die heute auch zur BLS-Gruppe gehört. Sie befahren die Nebenlinien rund um den Napf (1.407 m ü. M.). Die SBB betreiben hier insbesondere die beiden Verbindungen von Bern nach Olten, einerseits die alte, kurvenreiche Strecke über Burgdorf, über die tagsüber der gesamte Güterverkehr läuft, anderersteits aber auch die Neubaustrecke über Wanzwil, wo die InterCity mit 200 km/h fahren. Die Regionalexpresszüge Bern–Luzern (KBS 460) fährt die BLS und setzt dort die Wagen (EW III) des ehemaligen Swiss-Express

Schwierige topografische Verhältnisse: Schluchten und enge Täler auf vielen Linien. Foto: Roger Haueter

Streckennetz

ein. Neben der Luzern-Stans-Engelberg-Bahn, mit der man mitten in die innerschweizer Alpen gelangt, betreibt die Zentralbahn (ZB) die schmalspurige Brünig-Zahnradbahn Luzern–Interlaken. Auf dieser vor allem touristisch sehr bedeutungsvollen Strecke kommt der Zug an fünf malerischen Alpenrandseen vorbei. Eisenbahnen in der Schweiz – darunter zu verstehen sind auch zahlreiche Meisterleistungen des Ingenieurbaus. Allein die SBB hat 5.873 Brücken mit einer Gesamtlänge von 87 Kilometern. Hinzu kommen 307 Tunnels mit einer Länge von 259 Kilometern. Bezogen auf die Streckenlänge ist dies ein Weltrekord. Mit dem Durchbruch im Alten Hauenstein kamen sich die Städte Basel und Olten näher. Diese Linie erhielt bald so große Bedeutung, dass im Jahre 1916 ein zweiter, über acht Kilometer langer Tunnel der Hauenstein-Basislinie eröffnet wurde. Die Kursbuchstrecken 500–514 sind nicht besonders vielfältig. Wichtigste Linie ist die InterCity-Verbindung Basel–Olten–Luzern. Bemerkenswert ist aber auch die längste Überland-Trambahn Europas (Dornach–Basel–Rodersdorf), die erst noch eine Station in Frankreich bedient.

Zu den Kursbuchstrecken 600–672 gehören nicht nur das imposante Werk der Gotthardlinie, sondern auch verschiedene Privatbahnen: zum Beispiel die FO (Furka–Oberalp-Bahn), die mit der BVZ-Zermatt-Bahn fusioniert hat, die SOB (Schweizerische Südostbahn), in welche auch die frühere Bodensee–Toggenburg-Bahn (BT) integriert wurde, die Rigi-Bahnen oder die grenzüberschreitende Centovalli-Strecke (Locarno–Domodossola).

Die meisten Verbindungen der Kursbuchfelder 700–763 konzentrieren sich auf den Großraum Zürich. Moderne doppelstöckige S-Bahn-Züge bestimmen hier das Bild. Eine besonders ländliche Eisenbahnlinie befindet sich im Kanton Glarus (Ziegelbrücke–Linthal). Hier fährt der Zug durch ein tiefes Trogtal, von himmelhohen Bergen umgeben. Um von Zürich nach Schaffhausen zu gelangen (Kursbuchstrecke 760), wird sogar deutsches Gebiet überquert.

Eisenbahnen in der Schweiz – darunter werden unweigerlich auch Ferienerinnerungen an die Ostschweiz wach. Die direkte Linienführung durch das hügelreiche Voralpenland der Kursbuchstrecken 800–881 erforderte viele Kunstbauten wie Tunnels und Viadukte.

Und schließlich bleibt noch das Mekka aller ausländischen Bahnfans – der gebirgige Kanton Graubünden mit der Rhätischen Bahn und den Kursbuchstrecken 900–960. Die attraktiven Züge und die vielfältige Landschaft finden aber auch in der Schweiz ihre Bewunderer. Auf kleinstem Raum werden oft schwierigste topografische Hindernisse durchfahren – zum Beispiel auf der Albulastrecke zwischen Chur und St. Moritz. Aber auch die SBB hat ihr 900er-Kursbuchfeld. Es führt von Ziegelbrücke entlang des Walensees über Sargans und Landquart nach Chur, wo Anschluss ans Netz der Rhätischen Bahn besteht.

SBB

Doppelstöcker bei Interlaken Ost mit zusätzlichem EW IV und IC-Bt.

Bahnreform bei den Bundesbahnen

Als Aktiengesellschaft ins neue Jahrtausend

Noch vor einem halben Jahrhundert fauchten große Dampflokomotiven durchs Land. Das Publikum konnte die Zugkräfte beim Anfahren und die Druckkräfte beim Bremsen hör- und sichtbar miterleben. Nach dem Verschwinden der letzten Dampflok aus dem Fahr- und Dienstplan der SBB im Jahre 1968 wurde es auf den Schweizer Gleisen ruhiger. Und trotzdem: Auch die geballte Energie einer Elektrolok vermag Hobby- und Berufsleute zu begeistern.

Von den verstaatlichten Privatbahnen übernahmen die SBB in den Jahren 1902–1909 insgesamt 955 Dampflokomotiven. Den Höchststand erreichte die Bahn 1915 mit 1.226 Einheiten, denn der Bestand wurde trotz Einzug der Elektrotechnik noch um einige hundert Neubauten aufgestockt. Heute sieht man Dampfrösser nur noch in Museen, bei Dampfbahn-Vereinen und anlässlich von Sonderfahrten. Im Jahre 2001 haben die Bundesbahnen die Stiftung SBB Historic ins Leben gerufen. Sie bezweckt das Sammeln, Erhalten, Konservieren, Informieren und Dokumentieren – vom einfachen Werbeplakat bis zur Lokomotive. Zwölf Dampfloks, einen Dampftriebwagen, 21 Elektroloks, fünf elektrische Triebwagen, einen TEE-Zug, eine Dieselmaschine, zwei Traktoren, zwei Steuerwagen, über 70 verschiedene Wagen, ferner 25.000 Fachbücher, eine Viertelmillion Fotos, 140 Laufmeter Akten und Pläne und vieles mehr nennt die Stiftung ihr Eigen.

Bereits vor mehr als 100 Jahren begann man mit der Entwicklung der elektrischen Traktion, seither hat sich vie-

SBB

les geändert und die neuen Hightech-Superzüge, wie zum Beispiel der ICN, unterscheiden sich grundlegend von den Elloks der ersten Stunde. Bei älteren Bauarten waren die Fahrmotoren im Rahmen gelagert; im Gegensatz dazu sind die Fahrmotoren bei modernen Triebfahrzeugen in den Drehgestellen eingebaut. Auch die spürbaren »Hüpfer« beim Anfahren sind Vergangenheit seit modernste Thyristor-Steuerungen die Fahrzeuge ruckfrei beschleunigen. Die Umrichter-Technologie, ein alter Traum der Fahrzeugbauer, hielt bei den Schweizerischen Bundesbahnen mit der Beschaffung der Baureihe Re 460 Einzug. Bei dieser Technik wird der aus der Fahrleitung bezogene Strom in einen Drehstrom von veränderlicher Spannung und Frequenz »umgerichtet«.

Ein Quantensprung im Bau von elektrischen Lokomotiven stellte aber schon die Re 4/4 I dar. Nach dem Ende des Zweiten Weltkrieges standen nicht nur leistungsfähige, sondern auch schnelle Lokomotiven im Vordergrund der Rollmaterialbeschaffung. Nach der Einführung dieser leichten Drehgestell-lok folgte die Übernahme der schweren Ae 6/6-Maschinen. Dieser Einheitstyp leistet 4.300 kW, so dass seine betriebstechnischen Eigenschaften für verschiedene Aufgaben genutzt werden konnten. Doch die Entwicklung der Technik blieb nicht stehen. Das Ergebnis langjähriger Forschung war die Re 4/4 II und III, von der die SBB 294 Einheiten besitzen und die noch heute das Traktionsrückgrat bildet.

Der 188,8 m lange und 200 km/h schnelle InterCity-Neigezug der Baureihe 500 stellt vorläufig den letzten Komfortsprung bei den SBB dar. Mit einem Vorserienzug unternahmen der führende Schweizer Rollmaterialhersteller ADtranz (jetzt Bombardier) und die SBB umfangreiche Testfahrten. Probleme wurden rechtzeitig erkannt, die Lösungen flossen in die Serienproduktion der 24 Neigezüge für die SBB AG ein.

SBB

97 Jahre nach der Gründung der Schweizerischen Bundesbahnen wandelte sich der Staatsbetrieb am 1. Januar 1999 in eine privatwirtschaftliche Aktiengesellschaft um. SBB AG heißt das neue Unternehmen, dem als erster Verwaltungsratspräsident Thierry Lalive d'Epinay vorstand. Ehrgeiziges Ziel des neuen Unternehmens ist es, die Bahn in die schwarzen Zahlen zu fahren. Dies scheint allerdings nicht ohne Rationalisierungsmaßnahmen und Entlassungen möglich zu sein. Auch der Beamtenstatus wurde 2001 abgeschafft, so dass es nun bei der Bahn keine Arbeitsverhältnisse »auf Lebenszeit« mehr gibt. Vehement wehrten sich die Lokführer gegen die Pläne der SBB, die Streckenlokführer in Regional- und IC-Lokführer aufzuteilen – mit finanziellen Konsequenzen. Wie vom Schweizerischen Eisenbahner- und Verkehrspersonal-Verband SEV befürchtet, muss auch mit Entlassungen gerechnet werden. Die Devise: »die SBB können ihre Leistungen mit weniger Personal gleich gut erbringen« rufen die Gewerkschafter auf den Plan.

Noch bleibt der Bund Alleinaktionär der SBB AG – eine Privatisierung wäre erst denkbar, wenn die Bahn stark und effizient in die Gewinnzone steuert.

Der operative Teil des SBB Konzerns ist aufgeteilt in die Divisionen Personenverkehr, Güterverkehr (SBB Cargo) und Infrastruktur. Als Nachfolger von Benedikt Weibel leitet seit 2007 Andreas Meyer als Chief Executive Officer (CEO) die Geschäfte der SBB. Frau Jeannine Pilloud ist seit Anfang 2011 für den Personenverkehr und Philippe Gauderon seit 2009 für die Infrastruktur zuständig. SBB Cargo mit seinen 370 Streckenlokomotiven und einer Leistung von zirka 14 Milliarden Nettotonnenkilometern im Jahr wird nun seit Anfang 2007 von Nicolas Perrin geführt.

Eine Re 4/4 vor einer Re 6/6 (zusammen auch 10/10 genannt) mit Containerzug auf der Lötschbergbahn am Thuner See.
Foto: Dietmar Beckmann

Privatbahnen

Enge Kurven, hohe Viadukte: die Furka–Oberalp-Bahn (FO) bei Sedrun.   *Foto: Roger Haueter*

Starke Partner für Randregionen

Privatbahnland Schweiz

Es gibt sie in jedem Kanton und es sind deren viele. Die Rede ist von den Privatbahnen, ohne die der öffentliche Verkehr in der Schweiz nicht richtig funktionieren würde. Meist bedienen sie Randregionen, oft in engen Bergtälern. Sie sind Überlebenskünstler, denn das Bahngeschäft wirft nur in seltenen Fällen Gewinne ab. Ganz wenige Bergbahnen schreiben schwarze Zahlen, alle Übrigen sind darauf angewiesen, dass ihre Defizite von den Gemeinden und Kantonen getragen werden. Aktionäre sind häufig die Kantone und Gemeinden. Natürlich gibt es große Privatbahnen wie die BLS Lötschbergbahn AG oder die Rhätische Bahn, daneben auch ganz kleine, die nur über wenige Kilometer Gleis verfügen und ein einziges Triebfahrzeug haben – z.B. Bergbahn Rheineck–Walzenhausen (RhW). Andere kämpfen um die weitere Existenz. Stilllegungen und Umstellung auf Busbetrieb sind politische Dauerthemen in ländlichen Regionen, wo die Bahn meist noch abseits der Dörfer vorbeifährt. Während in Zug, Luzern, Basel und St. Gallen moderne S-Bahn-Linien mit neuestem Rollmaterial entstehen, hat das »Bähnlisterben« auf dem Land oder in entlegenen Berggebieten längst begonnen.

Und trotzdem: Das Rollmaterial ist bei vielen Privatbahnen auf dem neuesten Stand. Es ist erstaunlich, wie vielfältig die Fahrzeuge sind. Oft sind es Einzelanfertigungen, wie zum Beispiel der Zahnrad-Triebwagen BDeh 3/6 Nr. 25 der Rohrschach–Heiden-Bahn (RHB), die von der Industrie geliefert werden müssen. Innovation und Flexi-

Privatbahnen

Privatbahnen

Privatbahnen

bilität sind hier angesagt. Mittelgroße Unternehmen wie Stadler Fahrzeuge AG in Bussnang zeichnen sich dadurch aus, dass sie auch auf die Bedürfnisse von kleinen Bahnen eingehen können. Internationale Unternehmen wie Bombardier Transportation (vormals ADtranz bzw. ABB) beschränken sich dagegen auf Aufträge, welche von Seiten der SBB oder der größeren Privatbahnen eingehen (z.B. 20 Güterverkehrs-Lokomotiven für die BLS des Typs Re 485).

Fusionen gibt es mittlerweile nicht nur bei Großbanken, Versicherungen und Kaufhäusern. Auch Bahnen haben die ökonomischen Vorteile einer Zusammenlegung entdeckt. So genannte »Mergers« gehören in Amerika schon lange zur Tagesordnung. Dort hat man mittlerweile sogar den Überblick verloren, welche Bahngesellschaft mit welcher fusioniert hat. In der Schweiz bleibt es noch einigermaßen nachvollziehbar. Nur einige Beispiele: Aus den vier Partnern SEZ, GBS, BLS und BN wurde die BLS Lötschbergbahn AG – aus EBT, VHB und SMB der Regionalverkehr Mittelland, der heute auch zur BLS-Gruppe gehört. Auch hinter der Gesellschaft Aare Seeland mobil AG stecken früher unabhängige Privatbahnen wie die BTI, RVO und SNB. Im Tessin werden die beiden einzigen Meterspurbahnen Centovalli und Lugano– Ponte Tresa von der FART mit Sitz in Locarno verwaltet. Und so bekannte Namen wie die Bodensee–Toggenburg-Bahn oder die Furka–Oberalp-Bahn geraten möglicherweise schon bald in Vergessenheit.

TIPP

Nachfolgend eine Liste der wichtigsten Privatbahnen der Schweiz (teilweise haben diese bereits mit anderen Bahnen fusioniert):

AB – Appenzeller Bahnen
AL – Ch.d.f. Aigle–Leysin
AOMC – Ch.d.f. Aigle–Ollon–Montey–Champéry
ASD – Ch.d.f. Aigle–Sepey–Les Diablerets
BAM – Ch.d.f. Bière–Apples–Morges
BD – Bremgarten–Dietikon-Bahn
BLM – Bergbahn Lauterbrunnen–Mürren
BLS Lötschbergbahn AG
BLT – Baselland Transport AG
BOB – Berner Oberland Bahnen
BRB – Brienz–Rothorn-Bahn
BT – Bodensee–Toggenburg-Bahn
BTI –Biel–Täuffelen–Ins-Bahn
BVB – Bex–Villars–Bretaye
BVZ Brig – visp – Zermatt
CEV – Ch.d.f. Electriques Veveysans
CJ – Ch.d.f. Jura
CMN – Ch.d.f. des Montagnes Neuchâtelois
DFB – Dampfbahn Furka-Bergstrecke AG
FART – Ferrovie Autolinee Regionali Ticinesi
FB – Forchbahn
FLP – Ferrovie Lugano–Ponte Tresa
FO – Furka–Oberalp-Bahn
FW – Frauenfeld–Wil-Bahn
GFM – Gruyère – Fribourg – Morat
GGB – Gornergratbahn
JB – Jungfraubahn
LEB – Ch.d.f. Lausanne–Echallens–Bercher
LSE – Luzern–Stans–Engelberg-Bahn
MC – Ch.d.f. Martigny–Châtelard
MO – Ch.d.f. Martigny–Orsière
MThB – Mittelthurgau-Bahn
NStCM – Ch.d.f. Nyon–St.Cergue–Morez
RB – Rigi-Bahnen
RBS – Regionalverkehr Bern–Solothurn
RhB – Rhätische Bahn
RHB – Rorschach–Heiden-Bergbahn
RM – Regionalverkehr Mittelland
RVO – Regionalverkehr Oberargau
SOB – Südostbahn
SZU – Sihltal–Zürich–Uetliberg-Bahn
TB – Trogenerbahn
TSOL – Tramway du sud-ouest lausannois
WAB – Wengernalpbahn
WB – Waldenburgerbahn
WSB – Wynental- und Suhrentalbahn
YSteC – Ch.d.f. Yverdon–St-Croix

S-Bahnen

Stadler Bussnang AG hat für die S-Bahn Zug seinen FLIRT-Triebwagen angeboten. *Zeichnung: Stadler*

Neue Linien, schnelle Züge

S-Bahnen in Zürich, Bern, Zug, Basel und Lausanne

Am 29. November 1981 hießen die Stimmbürger im Kanton Zürich die so genannte S-Bahn-Vorlage gut. Vorgesehen war der Bau und Betrieb einer Stadt-Bahn nach dem Vorbild ausländischer Metropolen. Die Finanzierung der Neubauten erfolgte durch den Kanton Zürich; mit den Schweizerischen Bundesbahnen wurde am 2. März 1982 ein Vertrag über die Zusammenarbeit beim Betrieb der Zürcher S-Bahn abgeschlossen. Demzufolge hatten die SBB entsprechend leistungsfähige S-Bahn-Züge zu beschaffen, die Stadt Zürich besaß bei der Wahl des Fahrzeugtyps und bei der kundenfreundlichen Ausstattung ein Mitbestimmungsrecht.

Erstmals in der Schweiz fiel die Wahl auf ein Doppelstockfahrzeug, denn ähnliche Züge bewährten sich bereits im Vorstadtverkehr der Nederlandse Spoorwegen (NS) und der französischen SNCF. Ferner war zu berücksichtigen, dass eine Bahnsteiglänge von 300 m zur Verfügung stand. Insgesamt wurden 59 Fahrzeugvarianten geprüft. Schließlich einigte sich die Arbeitsgruppe auf einen rund 100 m langen Zug, bestehend aus einer Lokomotive, einem doppelstöckigen Steuerwagen Bt sowie zwei Doppelstock-Zwischenwagen der Typen AB und B. Etwa 400 Personen finden in einer solchen S-Bahn-Einheit Platz. Mittels automatischer Kupplung können bei Bedarf problemlos zwei oder drei Einheiten zusammengehängt und vielfachgesteuert werden.

Die 113 Garnituren werden derzeit modernisiert wobei ein Wagen gegen

S-Bahnen

einen neuen Niederflurwagen ausgetauscht wird. Mit dem frei vorhandenen Wagen werden neue Züge für die Hauptverkehrszeit gebildet. Darüber hinaus liefert Siemens bis Mitte 2009 61 neue vierteilige Doppelstocktriebwagen (RABe 514). Bei Stadler bestellt sind derzeit 50 weitere sechsteilige Doppelstocktriebwagen, die 2010 bis 2015 geliefert werden sollen.

Auch die Berner haben ihre S-Bahn. Im Vergleich zu anderen Städten verfügt Bern über ein vorteilhaft ausgebautes Bahn-, Bus- und Tramangebot, welches durch eine strikte Parkplatzpolitik unterstützt wird. Gegenüber Lausanne und Genf liegen die meisten Arbeitsplätze im Zentrum der Stadt. 45% der Befragten fahren in Bern mit den öffentlichen Verkehrsmitteln zur Arbeit, in Lausanne sind es 19% und in Genf gerade mal 16%. Beim Einkaufsverkehr benutzen gar 68% der Berner die Bahn, die Tram oder den Bus, in Genf sind es nicht einmal die Hälfte, nämlich 32%, und in Lausanne sogar nur 26%.

Im Januar 1991 hat der Große Rat des Kantons Bern das Konzept »Berner S-Bahn« verabschiedet, die heute auf den Normalspurstrecken ausschließlich von der BLS AG betrieben wird. Nach der erfolgreichen Einführung der ersten beiden S-Bahn-Linien gingen nach Fahrplanwechsel 1998 die nächsten Linien in Betrieb. Die S-Bahn Bern bedient vom großen Bahnknotenpunkt bis zur kleinen Haltestelle rund 140 Bahnhöfe und Stationen in fünf Kantonen (Bern, Fribourg, Solothurn, Waadt und Neuenburg).

Eine Besonderheit ist die Schmalspur-S-Bahn nach Jegenstorf (-Solothurn) (S8), die von der RBS betrieben wird. In Bern müssen sich die modernen Nina-Triebwagen den S-Bahn-Verkehr noch mit inzwischen zirka 20 Jahre alten RBDe 566 der ersten Generation teilen. In Zug stehen dagegen für die Strecken nach Baar, Luzern und Erstfeld zwölf neue Triebwagen vom Typ »Flirt« zur Verfügung, was soviel wie »flinker, leichter und innovativer Regionaltriebwagen« bedeutet.

Weitere S-Bahn-Linien finden sich in Basel, Lausanne, Luzern, St. Gallen und sogar im Tessin mit 3 Linien rund um Bellinzona. Die sicherlich landschaftlich schönste S-Bahn, die S3 nach Luino, fährt zwar nur alle zwei Stunden am Lago Maggiore entlang, wird aber teilweise bis Gallarate in Italien verlängert.

NINA, die S-Bahn-Züge der BLS Lötschbergbahn AG. *Foto: BLS Lötschbergbahn*

Trambahnen

Moderne Trams sind Teil der Schienen-Renaissance. Foto: VBZ

Neue Gleise braucht die Stadt

Tram-Renaissance der Schweiz

Die Tram war in der Schweiz der Wegbereiter für die elektrische Traktion. Bereits im Jahre 1888 fuhr die erste elektrische Straßenbahn zwischen Vevey, Montreux und Chillon. Zu jener Zeit gab es noch Pferde-Trambahnen. Sie konnten keine großen Steigungen überwinden und Dampflokomotiven waren auf den Straßen ein ständiges Verkehrshindernis. Aus diesem Grund entschieden sich die städtischen Straßenbahnbetreiber rasch für die elektrische Traktion, vor allem nachdem der Beweis für die Tauglichkeit dieses Antriebssystems erbracht war.

Noch vor einem halben Jahrhundert gab es in fast jeder größeren Stadt eine Tram. Luzern hatte seine Straßenbahn, auch Neuchâtel, Biel und St. Gallen. Das große »Tramsterben« setzte bereits im Jahre 1932 ein, als die Straßenbahn von St. Moritz durch einen Bus ersetzt wurde. Als eine der letzten wurde 1966 die Schaffhauser Straßenbahn abgebrochen. In der Mitte des 20. Jahrhunderts sahen viele Stadtplaner in den Tramfahrzeugen ein Hindernis – die Zukunft gehörte damals dem motorisierten Verkehr. Straßenbahnen mussten weichen. Viele Betriebe waren auch überaltert, die Sanierung von Infrastruktur und Rollmaterial hätte viele Millionen Franken verschlungen. Viel einfacher und günstiger war im Vergleich dazu die Umstellung auf Bus.

Überlebt haben in der Schweiz sechs Tramunternehmen – die Basler Verkehrsbetriebe (BV), die Baselland Transport (BLT), die Verkehrsbetriebe Zürich (VBZ), Bern Mobil (früher: Städtische Verkehrsbetriebe Bern, SVB), die Transport publics genevois (TPG) und die Linie 5 der Transport en commun de Neuchâtel.

Trams haben ihre eigenen Fans – der Fahrzeugbestand ist ebenso interessant wie die Streckenführung. Es gibt steile Bergstrecken (z.B. Spalenberg und Bruderholz in Basel) und Über-

Trambahnen

landlinien, wo die Tramwagen auf bis zu 65 km/h beschleunigen. Der Fahrplan ist meist dicht, mit Tramzügen alle zehn Minuten. Entsprechend viele Pendler benutzen für ihren Weg zur Arbeit oder zum Einkauf die Straßenbahn.

Besonders farbig und vielfältig präsentiert sich die Straßenbahn-Szene in der Stadt Basel. Gelbe, grüne und hellgrüne Tramwagen bringen Abwechslung ins Straßenbild. Mit der neuen Combino-Tram schlängelt sich ein mehrgliedriges Fahrzeug durch die teilweise recht engen Straßen. Mit der neuen Linienführung durch den Basler Hauptbahnhof wurde der »10er« auf einer Neubautrasse mit Anschluss an die Züge der SBB und SNCF verlegt.

In Genf hat man vor einigen Jahren die Straßenbahn wieder entdeckt.

Bereits 1969 war das Netz bis auf die erste, einzige 8 km lange Linie eingestellt. Ab 1995 begannen die Genfer wieder ein neues leistungsfähiges Tram-Netz aufzubauen. Heute sind sieben Linien mit meist modernen Triebwagen auf dem stetig wachsenden Netz in Betrieb. Seit dem 30. 4. 2011 fährt die Linie 18 über die Neubaustrecke bis Cern. Neben den M-Wagen der DÜWAG beherrschen nun "Cityrunner" von Bombardier den Fahrzeugpark.

TIPP

Ehemalige Schweizer Trams und deren Einstellungsdaten:

St. Moritz	1932
Biel	1948
La Chaux-de-Fonds	1950
Winterthur	1951
Zug	1953-59
St. Gallen	1957
Vevey–Chillon	1958
Steffisburg–Thun	1958
Lugano	1959
Locarno	1960
Spiez	1961
Luzern	1961
Lausanne	1964
Fribourg	1965
Schaffhausen	1966

Zahnradbahnen

Auf steilen Schienen

Zahnradbahnen in der Schweiz

Ein Hauch von Belle Époque, versehen mit einem Schuss wehmütiger Erinnerung an die gute alte Zeit des beginnenden Fremdenverkehrs, umgibt heute die Zahnradbahnen im Alpenraum. Sie wecken liebevoll-nostalgische Gefühle und erfreuen sich größter Beliebtheit: Was wäre der Tourismus in Zermatt ohne die Gornergratbahn, was wäre Grindelwald ohne seine Bahn aufs Jungfraujoch?

Mitte des vergangenen Jahrhunderts wurde die gezahnte Hilfsschiene für Bergbahnen erfunden, 1871 schließlich ratterte die erste Zahnradbahn Europas auf die Rigi. Im Zuge des nun einsetzenden Baubooms entstanden weltweit bis 1900 insgesamt 88 Anlagen. In der Schweiz sind Zahnradbahnen heute noch besonders häufig. 13 Anlagen mit reinem Zahnradantrieb können zwischen Genfersee und Bodensee gezählt werden. Hinzu kommen über ein Dutzend Bahnen mit gemischter Zahnrad- und Adhäsionstraktion.

Als vor etwas mehr als hundert Jahren auch der städtische Mittelstand die Bergwelt als ideales Erholungsgebiet entdeckte, schmiedeten in den meisten Bergtälern kühne Unternehmer Pläne, wie das Gebirge für einen umfänglichen Tourismus erschlossen werden könnte.

Dank Zahnrad schien kein Bahnprojekt im 19. Jahrhundert zu kühn. *Foto: Archiv Lan*

Zahnradbahnen

Die Jungfraubahn verfügt noch über fünf Holzlokomotiven des Typs He 2/2. **Foto: Ronald Gohl**

So vieles erfanden und entwickelten ideenreiche Ingenieure gleich mehrmals: zum Beispiel auch die gezahnte Hilfsschiene der Bergbahn. Die Schweizer Erfinder Riggenbach, Abt und Strub setzten in der zweiten Hälfte des 19. Jahrhunderts viel daran, die Bergwelt mithilfe von Zahnstange und Zahnrad auch für die Eisenbahn zugänglich zu machen. Für seine Pläne fand der Ingenieur Niklaus Riggenbach (1817–1899) im eigenen Land jedoch nur wenig Verständnis, so dass er sein Patent 1863 in Paris anmeldete. Sechs

Zahnradbahnen

Jahre später kam ihm der Amerikaner Silvester Marsh allerdings zuvor; dieser baute die erste Zahnradbahn der Welt. Sie fährt noch heute auf den 1.917 m hohen Mount Washington in den White Mountains (Staat New Hampshire/USA). Gerade als in den USA die Dampf-Zahnradbahn auf den Mount Washington in Betrieb genommen wurde, erteilte der Große Rat des Kantons Luzern die Konzession für den Bau und Betrieb einer Zahnradbahn auf die Rigi. Am 21. Mai 1871 konnte Niklaus Riggenbach dann an seinem 54. Geburtstag die Eröffnung der ersten Zahnradbahn Europas feiern. Das Echo war so groß, dass die Schweizer zu den Zahnradbahn-Spezialisten auf der ganzen Welt wurden. Von den 88 weltweit gebauten Anlagen weisen nur gerade drei keine schweizerische Herkunft auf.

Roman Abt war die zweite wichtige Figur im Zahnradbahngeschäft. Er baute immerhin 40 von 88 Zahnradbahnen, darunter sogar eine in Vietnam. Die meterspurige Strecke von Thap-Cham nach Da Lat führte vom Badestrand durch den Dschungel zu einer fantastisch wirkenden Bergregion mit Pinien und Föhren. Nach den Kriegswirren wurde die teilweise zerstörte Linie leider stillgelegt. Vier Lokomotiven hatte die Furka-Oberalp-Bahn (FO) 1947 nach Vietnam verkauft. Sie wurden 1990 von der Dampfbahn Furka-Bergstrecke AG (DFB) zusammen mit zwei vietnamesischen Vierachs-Maschinen in die Schweiz zurückgeholt.

Den geistigen Vater einer Zahnradbahn erkennt man übrigens an der

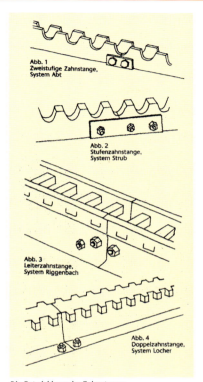

Die Entwicklung der Zahnstange.

Zahnstange. Die zweistufige Zahnstange von Roman Abt besteht aus zwei nebeneinander verlaufenden Flachstäben mit versetzten Zähnen (Abb. 1). Roman Abts System macht ein zweikränziges Triebrad notwendig, bei dem schon nach einem Sechstel der Zahnteilung ein neuer Eingriff erfolgt. Den Vorteil dieser Anordnung bekommen hauptsächlich die Fahrgäste zu spüren, ermöglicht die zweistufige Zahnstange doch einen besonders sanften Gang der Lokomotive (z.B. Gornergrat). Das

Zahnradbahnen

System Riggenbach (z.B. Rigi-Bahnen, Wengernalpbahn) zeichnet sich dagegen durch eine Leiterzahnstange aus. Zwei seitliche Wangen verhindern das Ausgleiten des Zahnrades (Abb. 3). Stark von der Norm weicht die nur einmal bei der Pilatus-Bahn (PB) verwendete Zahnstange von Locher ab. Zwei horizontal liegende Zahnräder greifen seitlich in einen links und rechts gezahnten Flachstab ein (Abb. 4). Auch die einfache Stufenzahnstange System Strub (Abb. 2) fand nicht sehr häufig Verwendung beim Bau von Zahnradbahnen (z.B. Jungfraubahn, Lausanne–Ouchy).

Im Unterschied zu Adhäsionslokomotiven wird die Zugkraft der Maschine nur auf das Zahnrad übertragen. Die Lauträder sitzen lose auf den Achsen und entwickeln keine Zugkraft. Bei den kombinierten Zahnrad- und Reibungsbahnen erfolgt der Antrieb dagegen sowohl auf die Adhäsions- wie die Zahnräder. Eine Ausnahme bildet hier der Brünig-Gepäcktriebwagen Deh 120, der voraussichtlich schon bald ausrangiert werden soll. Ungewöhnlich ist die Achsfolge Bo'2'Bo' – diese Anordnung lässt sich auf die vollständige Trennung des Adhäsions- und Zahnradantriebs zurückführen. Über die beiden äußeren zweiachsigen Drehgestelle wird die Adhäsionszugkraft übertragen. Das innere Drehgestell operiert als reines Laufdrehgestell. Es enthält aber auch die beiden Zahnradantriebe.

Nur wenige Fahrgäste werden allerdings so genau auf die technischen Details achten, wenn sie mit einer Zahnradbahn einen Ausflug ins Gebirge unternehmen. Im Vordergrund steht noch immer das Erleben der herrlichen Bergwelt, das dank der vielen Bergbahnpioniere auf bequeme Weise möglich geworden ist.

Neben den Zahnradbahnen dürfen natürlich die vielen Standseilbahnen nicht vergessen werden. Auch sie verkehren auf Schienen, gelten aber nicht als unabhängige Triebfahrzeuge. Der Antrieb befindet sich im Gebäude und das Fahrzeug wird mithilfe eines Seiles bewegt.

Auf die Rigi fahren von Vitznau und Arth-Goldau gleich zwei Zahnradbahnen. Foto: Rigi-Bahnen

Touristenbahnen

Verschnaufpause für die Brünig-Lok HG 3/3 Nr. 1067 der Ballenberg-Dampf-Bahn.   *Foto: Ronald Gohl*

Frischdampf aus vollen Rohren

Museumsbahnen und attraktive Touristenstrecken

Nicht jede Bahn ist im offiziellen Kursbuch verzeichnet. Es gibt viele Museumsbetriebe, die nur an einigen Wochenenden im Jahr fahren. Darunter fallen vor allem Dampfbahnvereine, die ihr sorgfältig restauriertes Rollmaterial für öffentliche Fahrten zur Verfügung stellen. Es ist nicht immer ganz leicht, an die entsprechenden Informationen, welcher Zug wo und wann fährt, heranzukommen. Wer sich nicht auskennt, kauft am Kiosk die Zeitschriften »Loki« oder »Eisenbahn-Amateur«, dort stehen die meisten, aktuellen Daten drin.

Daneben haben auch viele nach Fahrplan verkehrende Privatbahnen eine Dampflok oder einen Elektroveteranen im Depot. Sie werden speziell für Gruppen, z.B. Hochzeiten oder Vereinsreisen, aus der Versenkung geholt und in Betrieb gesetzt. Einige veranstalten jedes Jahr auch öffentliche Fahrten. Beispiele dafür sind die Rigi-Bahnen, die Waldenburgerbahn oder die Rhätische Bahn. Die älteste Zahnradbahn der Schweiz (Inbetriebnahme 1871) verfügt über eine große Zahl historisch interessanter Lokomotiven und Wagen. Infos über Dampffahrten gibts bei der Rigi-Bahnen AG, 6354 Vitznau, Tel. 041 399 87 87, im Internet unter www.rigi.ch oder per E-Mail unter rigi@rigi.ch.

Viel los ist natürlich auch zwischen Blonay und Chamby. Die Saison der Museumsbahn beginnt jeweils im Mai und endet im Oktober. An den Wochenenden sind fahrplanmäßige Züge unterwegs und das Museum ist geöffnet. Besondere Beachtung verdient meist das Pfingstwochenende mit einer großen Fahrzeugparade. 1999 erfolgte bei dieser Gelegenheit die Wieder-Inbetriebnahme des 1903 für die Berninabahn gebauten und jetzt um-

Touristenbahnen

fangreich restaurierten Salonwagens As Nr. 2. Ende Oktober findet oft eine zweite, etwas kleinere Fahrzeugparade mit einigen Dampflokomotiven statt. Auskünfte bekommt man bei der Chemin de Fer-Musée Blonay-Chamby, Case postale 366, 1001 Lausanne, Tel. 00 41 21 943 21 21, im Internet unter www.blonay-chamby.ch.

Bei der Rhätischen Bahn gibts natürlich während des ganzen Jahres eine Reihe von Sonderzügen. Zu den Highlights gehören Fahrten mit dem Fliegenden Rhätier, dem Alpine Classic Pullmann Express oder den offenen Aussichtswagen. Als Loks kommen entweder die drei berühmten RhB-»Krokodile« vom Typ Ge 6/6 I, die zwei Dampflokomotiven G 4/5 Nr. 107 und 108 oder die beiden Elektroveteranen Ge 2/4 Nr. 222 und Ge 4/6 Nr. 353 zum Einsatz. Im Zusammenhang mit den Sonderfahrten hat sich das Hotel Stolzenfels in Davos einen Namen gemacht. Der Hotelier und RhB-Fan Andreas Jenny organisiert für seine Gäste so genannte RhB-Bahnwochen mit verschiedenen Spezialzügen. Dazu gehören auch Rundfahrten von Davos über Filisur, Chur und weiter über Landquart und Klosters zurück nach Davos.

Weitere Infos beim Hotel Stolzenfels, Horlaubenstraße 17, 7260 Davos, Tel. 081 417 58 00 (www.stolzenfels.ch).

Mehrmals im Jahr werden Dampffahrten auf dem RhB-Streckennetz vom Verein Dampffreunde der Rhätischen Bahn organisiert. Auf den eindrucksvollen Ausfahrten kommt das historisch wertvolle RhB-Rollmaterial zum Einsatz. Infos dazu gibts beim Verein mit Postfach-Adresse in 7205 Zizers oder im Internet unter www.dampfvereinrhb.ch.

Immer wieder unterwegs sind auch die Vereinigten Dampf-Bahnen (VDB) im Emmental, sie führen meist Fahrten im Raum Burgdorf, Ramsei und Huttwil durch. Im Internet sind die Dampflokfreunde unter www.verein-vdb.ch präsent.

Kräftig eingeheizt wird in der Schinznacher Baumschule, wo eine Schmalspurtrasse durch die Welt der Bäume führt. Hier kommt ein Regelzug mit Molly (Bn2t) oder Taxus (Dn2t) zum Einsatz (www.schbb.ch).

Der Dampfbahn-Verein Zürcher Oberland (DVZO) nimmt jeweils im Mai seine regulären Fahrten auf der Stammstrecke Bauma–Bäretswil–Hinwil auf. Infos unter Tel. 052 386 12 41 oder im Internet unter www.dvzo.ch.

Neben diesen Beispielen findet man auch ganz kleine, individuelle Angebote. Natürlich gibt es in der Schweiz noch unzählige weitere Dampfbahnvereine mit hochinteressantem Rollmaterial.

Mit Dampf und »Belle-Époque«-Wagen an der Rigi-Fahrzeugparade.   *Foto: Rigi-Bahnen*

Waggonbau

Nach amerikanischem Vorbild: Doppeldecker bei den SBB, im Einsatz seit 1997. Foto: Archiv Lan

Vom Einheitswagen zum Dosto 2000

Reisewagenbau in der Schweiz

Am 26. Februar 1945 wurde im Baselbiet eine kleine Firma zur Reparatur von kriegsbeschädigten Güterwagen aus Frankreich gegründet. Bald entwickelte sich das Unternehmen zu einem der führenden Rollmaterial-Lieferanten. Die Firma mit ihren zwei Werken in Altenrhein und Prattelen erlebte manche Höhen und Tiefen in ihrer Geschichte. Seit 1998 existiert Schindler Waggon AG nicht mehr. Nach der Fusion mit ADtranz ging die Firma im führenden Rollmaterialhersteller auf, der inzwischen auch von Bombardier Transportation übernommen wurde.

Bereits zwei Jahre nach der Firmengründung erhielt Schindler den ersten SBB-Auftrag. Die Bundesbahnen bestellten versuchsweise je zwei Leichtstahlwagen der Typen B4ü und C4ü. Zu jener Zeit lag der Stundenlohn eines Arbeiters noch zwischen 1,60 und 1,80 Franken. In den 1950er folgte dann die Serienproduktion der Leichtstahlwagen. Doch diese Wagen – heute nicht mehr im Verkehr – waren nur die Vorläufer der Einheitswagen I–IV. In den Jahren 1956–67 nahmen die SBB über 1.200 Stück dieses äußerst beliebten Wagens in Betrieb. Die EW I unterschieden sich von den Leichtstahlwagen durch zwei statt drei Abteile. Außerdem befanden sich die Einstiegsplattformen wie bei früheren Wagen wieder an den Fahrzeugenden. 1965–74 folgten die EW II. Sie unterschieden sich von ihren Vorgängern durch eine niedrigere Wagenbodenhöhe (1.020 mm statt 1.100 mm). Verwendet wurden Räder mit einem kleineren Durchmesser. Statt der Faltenbälge kamen erstmals Gummiwülste zwischen den Wagen zur Anwendung. Im Inneren unterschieden sich die Nachfolger durch eine Verbesserung des Komforts von den EW I. Die beiden Einheitswagen prägten die 1960er und 1970 auf dem Netz der Schweizerischen Bundesbahnen. Die alten zwei-

Waggonbau

und dreiachsigen Personenwagen mit ihren unbequemen Holzbänken wurden ausrangiert. Heute findet man die »alten« EW II vor allem im Pendelzugverkehr. Sie wurden teilweise modernisiert und verkehren in S-Bahn-Verbänden. Aber auch Regional- und Regioexpress sind mit revidierten EW II unterwegs. Sie weisen Polstersitze und ein farbiges, der Zeit entsprechendes Innendesign auf.

Mit der Idee der »Swiss-Express-Züge« wurden von 1972–75 insgesamt 72 Einheiten der Serie EW III gebaut. Man konnte sie an ihrer orange/steingrauen Farbe erkennen. Außerdem sind die Seiten leicht schräg. Die EW III verfügten über eine automatische Kupplung, auch die Tunnelübergänge waren vollautomatisch kuppelbar. Eine Klimaanlage mit Deckenbelüftung erhöht den Komfort. Eine Swiss-Express-Komposition setzte sich aus 14 Wagen zusammen, die vor allem auf der Städteschnellzugs-Route zwischen Genf, Zürich und Romanshorn verkehrte. Die EW III haben jedoch nicht alle Erwartungen erfüllt. Sie gehören heute der BLS, die sie in Regio-Express-Zügen zwischen Bern und Luzern einsetzt. Abgelöst werden sie in dem in den 1980ern von den völlig neu konzipierten EW IV. Diese Wagen orientierten sich erstmals an dem Vorbild ausländischer Bahnen (z.B. SNCF) und bilden noch heute neben den Doppelstockwagen das Rückgrat im InterCity-Verkehr. Mit einem passenden Steuerwagen (IC Bt) versehen, bilden die EW IV seit 1997 geschlossene Zugformationen. Die Kopfform des IC Bt ist einer Lok 2000 (Re 460) nachempfunden, die am anderen Ende des Zuges entweder schiebt oder zieht.

Die vorläufig letzte Generation an Reisezugwagen bilden die Dosto 2000. Nach ausländischem Vorbild kommen seit 1997 komplette Doppelstockzüge im Fernverkehr zum Einsatz. Diese unterscheiden sich von den S-Bahn-Wagen (z.B. Zürich) durch eine durchgehende »Beletage«. Selbst die Übergänge von Wagen zu Wagen befinden sich nach amerikanischem Vorbild auf dem Oberdeck. Etwa 6.000 Arbeitsstunden sind nötig, um einen Dosto 2000, der aus 30.000 Einzelteilen besteht, zu bauen. Viele Neuerungen bietet der Fahrkomfort: die luftgefederten Drehgestelle verringern nicht nur die Lärmemissionen sondern verbessern zugleich die Laufruhe. Eine integrierte Wankkompensation soll dafür sorgen, dass sich die Wagen in Kurven nicht nach außen neigen und deshalb schneller fahren können.

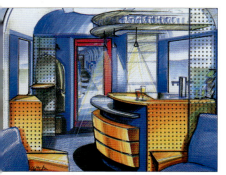

Immer komfortabler sollen die Züge der Zukunft werden – Stilstudie von Schindler. Foto: Archiv Lan

Besondere Fahrzeuge

1992 nahmen die SBB zwölf Panoramawagen vom Typ Apm in Betrieb. **Foto: Archiv Lan**

Von Licht und Gemütlichkeit auf Schienen

Fahrzeuge der anderen Art

Auf den Fahrplanwechsel von 1992 leisteten sich die SBB den Luxus, zwölf Panoramawagen in Betrieb zu nehmen. Die Erst-Klass-Fahrzeuge sind vom Typ Apm und kosteten über zwei Millionen Franken pro Stück. Die von Schindler Waggon AG (heute Bombardier) in Pratteln gebauten Wagen zeichnen sich durch eine auffällige, gekrümmte, 19 m lange und 1,6 m hohe Fensterfläche aus. Noch nie zuvor hat ein Fahrzeughersteller in Europa derart große Fenster gebaut. Die 140 kg schweren Scheiben werden lediglich durch schmale Seitenwandsäulen unterbrochen. Selbstverständlich besteht das Ganze aus Sicherheitsverbundgläsern. Beinahe doppelt so groß als bei herkömmlichen Fenstern ist der Sichtwinkel der Passagiere. Aber auch der um 45 Zentimeter erhöhte Fußboden garantiert eine ungestörte Aussicht. Das unkonventionelle und vollklimatisierte Fahrzeug bietet 54 Personen Platz und kam vorwiegend in EuroCity-Zügen zum Einsatz, beispielsweise nach Nizza, Wien, Amsterdam und Hamburg. Heute findet man sie nur noch im Inlandsverkehr auf der Strecke Basel–Gotthard–Locarno.

Panoramawagen gibts natürlich nicht nur bei den SBB. Längst sind die Montreux–Oberland Bernois (MOB), die Furka–Oberalp-Bahn (FO) und die BVZ-Zermatt-Bahn auf den Geschmack gekommen. Und bei der Rhätischen Bahn verkehrt ab 2000 eine neue Generation des Bernina-Express, selbstverständlich mit Panoramawagen. Zahlreiche Passagiere sind gerne bereit, für das Mehr-Erlebnis auch mehr zu bezahlen. Panoramawagen gibts immer nur für ein Ticket der 1. Klasse.

In kaum einem Land ist die Fahrzeugvielfalt so groß wie in der Schweiz. Mit den verschiedenen Sonderwagen, die teilweise liebevoll mit Holz, Plüsch

Besondere Fahrzeuge

oder modisch mit Sesseln ausgestattet wurden, könnte man einen dicken Bildband füllen. Auf den vorliegenden zwei Buchseiten kann man nur versuchen, eine Übersicht zu vermitteln.

Die Rhätische Bahn hat beispielsweise die »Stiva Retica«. 1993 wurde für knapp eine halbe Million dieses Bijoux aus einem Erst-Klass-Wagen der 1920er geschaffen. Für das gediegene Interieur verwendete das Schreiner-Atelier Maissen in Trun nur hochwertiges Lärchen- und Föhrenholz. Handwerkliches Können aus dem Kanton wurde hier in die Tat umgesetzt.

Zurück zu den SBB: Konservative Bahnreisende waren schockiert, als die ersten Familienwagen heranrollten. Nicht Sprayer sondern die Bundesbahn-Werkstätten hatten den sechs EW IV die poppigen Kindergesichter verpasst. Familien schätzen das Angebot, denn sie können ihre Sprösslinge bequem vom Platz aus überwachen, wenn sie sich im Spielabteil austoben.

Die blauen Sleeperette-Wagen verkehren im Nachtsprung ins Ausland. Die neuen Fahrzeuge entstanden aus revisionsfälligen RIC Bm-Wagen (Baujahre 1966–68). Die Reisenden finden in den praktisch neuwertigen Fahrzeugen jetzt mehr Ruhe und Entspannung als in den alten, unbequemen Liegewagen. Ein Hauch von Flugzeugatmosphäre mit 54 einladenden Einzelsesseln, die sich bis zu 45 Grad nach hinten schwenken lassen, umgibt die Fahrgäste.

Zuweilen gibt es auch Einzelanfertigungen wie den Panorama-Steuerwagen mit der Bezeichnung ASt Nr. 21, der auf dem Netz der Transports Régionaux Neuchâtelois (TRN) verkehrt. Das rot-weiß-schwarze Fahrzeug mit seinen großen Fenstern pendelt auf der 16,2 Kilometer langen Juralinie zwischen La Chaux-de-Fonds und Les Ponts-de-Martel. Ausflüge können aber auch aufs Netz der CJ unternommen werden.

Selbst für Behinderte gibt es Spezialwagen, zum Beispiel den suvaCare. Er dient vor allem behinderten Reisegruppen als ideales Fahrzeug mit automatisch ausfahrenden Rampen.

Regionalverkehr Mittelland: Wie wärs mit einem Aperitif im Bistro-Stübli? Foto: Archiv Lan

Tarifsystem

Gute Reise dank guter Preise

Einblick in das Tarifsystem

Auch für das Zugfahren muss der Konsument immer tiefer in die Tasche greifen, so wurden z.B. die reduzierten Einheimischenbilletts ganz abgeschafft. Doch brachte das Jubiläumsjahr 1997 »150 Jahre Schweizer Bahnen« auch neue attraktive Fahrausweisangebote, wie das 2-Jahres-Halbtax-Abo oder die Gleis-7-Karte für Jugendliche. Für gelegentliche Bahnfahrten sind gewöhnliche Billette zu lösen. Eine einfache Fahrkarte ist nur am Ausgabetag gültig, Rückfahrkarten sind je nach Distanz zwischen einem Tag (bis 115 km) und 10 Tage (ab 116 km) gültig.

Wenn man oft – aber nicht regelmäßig – die gleiche Strecke fährt, lohnt sich eine Mehrfahrtenkarte. Sie ist unpersönlich und damit übertragbar und verfügt über sechs Fahrten. Die Strecke gibts zum Preis von drei Retourbilletts. Ganz unbeschwert und unabhängig ist der Reisende mit dem GA (Generalabonnement) unterwegs. Er genießt damit ein Jahr freie Fahrt auf allen Strecken der SBB, den meisten Privatbahnen und einigen Bergbahnen. Auch Postauto, Schiff, Tram und Bus der meisten Städte und Agglomerationen können gratis genutzt werden. Das Basis-GA für Einzelpersonen kostet 3.300 Franken in der 2.Klasse und 5.150 Franken in der 1.Klasse. Familien fahren günstiger mit dem GA-Plus Familia, für Partner gibts das GA-Plus Duo und für Geschäftsreisende bietet sich das übertragbare Firmen-GA an. Daneben sind vergünstigte Generalabos für Junioren, Senioren und Behinderte erhältlich. Und ein Hunde-GA kostet

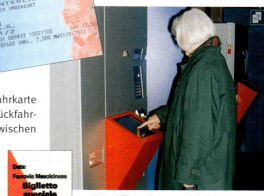

Kartonbilletts gibts nur noch bei Nostalgiebahnen. Wir leben in der Zeit der Computertickets und -automaten.
Foto: Vally Gohl/Billette: Archiv Lan

Frauchen oder Herrchen 700,– Franken im Jahr. Jugendliche bis 25 Jahre kommen mit der Gleis-7-Jugendkarte günstig weg. Für 99,– Franken im Jahr genießen sie ab 19.00 Uhr bis Betriebsschluss freie Fahrt auf dem gesamten SBB-Streckennetz – allerdings müssen sie im Besitz eines Halbtax-Abonnementes sein. Alle Preise: Stand 2011.

Halbtax-Abo

Halbe Preise: Das Ei des Kolumbus

Aktuelle Vorschläge nach altbewährtem Muster

Das erste Halbtax-Abo wurde in der Schweiz im Jahre 1890 eingeführt und hat seither viele Nachahmer in den benachbarten Ländern gefunden. Heute leistet sich jeder dritte Schweizer das Halbtax-Abo. Damit bezahlt man für alle Fahrten mit der Bahn, mit dem Schiff und den meisten Privat- und Bergbahnen nur noch die Hälfte. Das Halbtax-Abo ist auch auf dem kompletten Postautonetz gültig. Es spielt keine Rolle, ob 1.Klasse oder 2.Klasse gereist wird. Seit August 1997 bietet die Bahn das 2-Jahres-Halbtax-Abo und seit kurzem auch das 3-Jahres-Halbtax-Abo an. Das 3-Jahres-Halbtax-Abo kostet 400 Franken, das 1-Jahres-Halbtax-Abo 165. Zum Halbtax gibts auch GA-Zusatzkarten für einen Monat (370 Franken in der 2. Klasse). Ausländer können das Halbtax-Abo ebenfalls erwerben, sogar nur einen Monat (110,– Franken) ohne Passfoto. Das 1-Jahres-Abo ist an jedem Bahnhof innerhalb weniger Minuten zu bekommen. (Passfoto mitbringen!) Das 2- und 3-Jahres-Abo bestellt man am besten ca. zehn Tage vor Beginn der Gültigkeit am nächsten Bahnhof. (Passfoto in Farbe, Identitätskarte oder Pass mitbringen!) Die Bezahlung erfolgt bei der Bestellung in bar oder mittels Kreditkarte. Nach wenigen Tagen wird dann das fälschungssichere Halbtax-Abo im handlichen Kreditkartenformat per Post zugeschickt. Besitzer/innen eines Halbtax-Abos können von attraktiven Sonderangeboten profitieren. Hier erwähnt seien die Tageskarten zum Halbtax-Abo. Damit kann unbeschränkt gereist werden, egal wohin und wie weit. Die Tageskarten sind auf dem gesamten Streckennetz der SBB, auf Schifffahrts- und Postautolinien sowie auf Tram- und Busstrecken gültig. Eine Einzeltageskarte, 2.Klasse, ist für 68 Franken zu haben. Erhältlich sind auch Multitageskarten für sechs beliebige Tage zum Preis von fünf Tagen. Ein Monat freies Reisen ist mit der Monatskarte möglich. Und die Kinder können mit einer Kindertageskarte, die nur 15 Franken kostet gleichfalls günstig unterwegs sein. Vielleicht interessiert sich der Bahnkunde für eine der folgenden Rail-Cards: Postcard, Visa Corner oder Eurocard. Dafür ist am Bahnschalter ein Antrag auszufüllen und schon bald können die Vorteile des Halbtax-Abos zusammen mit jenen einer Kredit- oder Debitkarte in Anspruch genommen werden. Alle Preise: Stand 2011.

TIPP

Bei der Schweizer Post gibts nicht nur ein gelbes Konto mit besseren Konditionen als bei vielen Bankinstituten – mit der Postcard kann man auch zum halben Preis Bahn fahren. Das bringt zwar keinen Preisvorteil, dafür spart man eine Plastikkarte, und die Gebühr für das Halbtax-Abo wird erst noch automatisch dem Postscheckkonto belastet. Hinten Postcard, vorne Halbtax: Damit kann man selbstverständlich an den meisten Bahnschaltern auch bargeldlos Billetts kaufen oder Reisen buchen.

Swiss Travel System

Der Weg ist das Ziel

Anregungen für Ferienreisende aus dem Ausland

Mit dem Swiss Travel System werden jene Reisenden angesprochen, deren ständiger Wohnsitz außerhalb der Schweiz oder des Fürstentums Liechtenstein liegt. Ihnen werden mit der Swiss Card und mit dem Swiss Pass preisgünstige Pauschal-Fahrausweise für das individuelle und kombinierte Reisen mit Bahn, Postauto und Schiff angeboten. Dank dieser günstigen Angebote werden die großen Klassiker der Panoramafahrten von ausländischen Touristen rege genutzt. Gleich scharenweise lassen sie sich auf die höchstgelegene Bahnstation Europas, auf das Jungfraujoch, 3.454 m ü. M. fahren. Mit der Swiss Card erhält der Ausflügler 50% Ermäßigung auf dem gesamten Jungfraubahnen-Netz. Oder günstig mit dem Postauto unterwegs sein: auf der kontrastreichen Strecke von St. Moritz über den Malojapass nach Lugano. Oder eine Schifffahrt mit einem Raddampfer aus dem letzten Jahrhundert auf einem der zahlreichen Schweizer Seen. Und immer wieder lassen sich diese Ausflüge prima mit der Bahn kombinieren. Mit den Ausweisen des Swiss Travel Systems sind auch Eintrittsvergünstigungen für Sehenswürdigkeiten, z.B. für das Verkehrshaus Luzern erhältlich. Der Swiss Pass gewährt dem Reisegast während der von ihm gewählten Geltungsdauer unbeschränkt freie Fahrt auf dem gesamten Netz des Swiss Travel Systems. Inbegriffen sind auch Straßenbahnen und Busse in 35 Städten sowie namhafte Rabatte auf die meisten Bergbahnen. Der Swiss Pass ist für die Dauer von vier, acht, 15, 22 Tagen oder einem Monat für Erwachsene und Kinder, 1. Klasse und 2. Klasse, zu haben. Mit dem Swiss Flexi Pass können die Reisenden innerhalb der 30-tägigen Geltungsdauer an drei, vier, fünf, sechs oder acht frei wählbaren Tagen unbeschränkt auf dem Netz des Swiss Travel Systems reisen. Die Besitzer/innen einer Swiss Card fahren gratis vom Grenz- oder Flughafen-Bahnhof zu ihrem Zielort und zurück. Alle weiteren Fahrkarten für Bahn, Postauto und Schiff sind zum halben Preis erhältlich. Auch viele Bergbahnen gewähren einen Rabatt. Die Swiss Card ist einen Monat gültig. Die STS-Familienkarte ist eine unentgeltliche Zusatzleistung von Swiss Travel System, die auf Wunsch ausgestellt wird. Damit reisen die Kinder bis

Ausländische Besucher dürfen eine Fahrt mit dem Bernina-Express nicht auslassen.   *Foto: RhB*

16 Jahre, die zur Familie gehören, gratis. Die Bezugsstellen des Swiss Travel System sind die Flughafen-Bahnhöfe Zürich und Genf (SBB Reisebüro). Alle Angaben: Stand 2011.

Reservierungen

Traumzug Glacier bei Randa im Wallis: Ohne Sitzplatzreservierung geht hier nichts. Foto: Vally Gohl

Ein Sitzplatz auf sicher

Reservierungen

Nur vereinzelte Züge in der Schweiz sind reservierungspflichtig. Lediglich für die Fahrten in den Panoramazügen, beispielsweise im Glacier-Express von Zermatt nach St. Moritz, ist eine Sitzplatzreservierung obligatorisch. Bei den InterCity-Zügen kann man reservieren, muss man aber nicht und ist auch in der Regel nicht nötig, da die Züge ausreichend Platz bieten. Die Reservierung kostet wenige Franken pro Platz, Zug und Person. Man kann sich seinen Sitzplatz frühestens zwei Monate im Voraus und spätestens bis am Vortag reservieren. Für die reservierten Plätze ist in der Zugkomposition je ein 1.-Klasse- und ein 2.-Klasse-IC-Wagen vorgesehen. Im Wagen erkennt man reservierte Plätze an den Schildchen, die bei der Sitzplatznummer stecken. Wer am Bahnschalter beim Fahrkartenverkauf Plätze reservieren lässt, sollte immer angeben, ob er einen Fenster- oder Gangplatz bevorzugt. Es ist nicht möglich, Plätze in Fahrtrichtung zu reservieren, denn die Züge wechseln in Kopfbahnhöfen häufig die Richtung. Wer einen besseren Platz findet, als den reservierten, muss natürlich nicht auf dem gebuchten Sitz bleiben. Vielleicht gibt es nebenan einen Platz mit Blick auf den See. Die schönere Seite kann bei der Reservierung leider nicht berücksichtigt werden. Für Auslandreisen ist eine Platzreservierung immer empfehlenswert und im Preis des Zuschlags inbegriffen. So ist im Verkehr nach Italien mit dem Cisalpino eine Platzreservierung obligatorisch. Ebenfalls ist die Reise mit dem TGV-Hochgeschwindigkeitszug nach Paris zuschlags- und reservierungspflichtig, hier variieren die Zuschläge je nach Wochentag und Saison. Reservierungspflicht besteht natürlich für Gruppen ab zehn Personen. Wer mit dem Verein oder mit der ganzen Schulklasse kommt und ohne Reservierung einen ganzen Wagen belegt, der stößt auf wenig Verständnis beim Zugpersonal – also rechtzeitig anmelden, damit zusätzliche Wagen bereitgestellt werden können. Alle Angaben: Stand 2011.

Bahnhöfe

Konsumparadies Bahnhof

Die Einkaufs-, Vergnügungs-, Ess- und Trink-Eldorados

Die Bahnen investieren viel Geld, um die Bahnhöfe kundenfreundlicher zu gestalten. Und das Angebot soll beileibe nicht nur Reisende ansprechen. In den erfolgreichen Aperto-Bahnhofsläden, die an vielen Bahnhöfen zu finden sind, ist Einkaufen das ganze Jahr an sieben Tagen pro Woche von früh bis spät möglich. Hier ist über Blumen, Lebensmittel und Bücher alles zu haben. Die größeren Bahnhöfe haben sich zu belebten und beliebten Einkaufszentren entwickelt. Das »ShopVille« im Bahnhof Zürich beispielsweise umfasst rund 100 Läden und ist eines der größten Einkaufsparadiese der Schweiz. Im Bahnhof Basel hat sich die Migros eingemietet, die auch sonntags ihre Tore geöffnet hält. Fast rund um die Uhr werden an den Bahnhöfen die verschiedensten Dienstleistungen angeboten: Reisebüro, chemische Reinigung, Coiffeur-Salon, Apotheke, Hygienezentrum, Banken, Schuster, Fotokopierzentrum und Fundbüros.

Die überdachten, großzügig gebauten Bahnhofshallen in den schweizer Städten gelten als beliebte Anziehungspunkte und werden gerne zu kleineren und größeren öffentlichen Anlässen genutzt, z.B. der alljährliche »Christkindlimarkt« in Zürich.

Die Bahnhofsgastronomie bietet Verpflegungsmöglichkeiten für jeden Geschmack. Die ursprünglichen Bahnhofsbuffets, mit ihren separaten 1.-Klasse- und 2.-Klasse-Räumen, verschwinden leider immer mehr. Schon im Jahre 1847 verfügte der Zürcher Bahnhof über ein kleines Buffet mit Küche. In der Regel bekommt man in einem Bahnhofsbuffet von frühmorgens bis gegen Mitternacht Kaffee, warmes Essen und ein Bier, werktags wie

Großer Bahnhof für viele Züge. Basel ist ein Anziehungspunkt für viele. *Foto: Vally Gohl*

Bahnhöfe

Holzchalet-Bahnhof wie auf der Modellbahn bei Langwies in Graubünden.   *Foto: Ronald Gohl*

sonntags. Übrigens ist nicht jedes Bahnhofsrestaurant ein Bahnhofsbuffet. Erst wenn es den SBB oder einer anderen Bahngesellschaft gehört, handelt es sich um ein richtiges Buffet und davon gibt es in der Schweiz mehrere. Bahnhofsbuffets standen lange Zeit in dem guten Ruf – quer zu den gängigen Gastro-Trends – ihren regionalen Charakter zu bewahren. In ganz unscheinbaren Bahnhofswirtschaften finden sich oft einheimische Spezialitäten auf der Speisekarte und es werden Weine aus der Gegend ausgeschenkt. Doch die Refugien sind in Gefahr. Heute wird nicht mehr gemütlich gereist. Taktfahrpläne haben Umsteige- und Wartezeiten auf den Bahnhöfen stark verkürzt. Oft reicht es nur noch für ein Sandwich vom Buffetkiosk. Die lukrativeren Expressbuffets und die Kioske mit Stehbar – die meistens ordentlich »gesalzene« Preise verlangen – vertreiben langsam aber sicher die weniger rentablen und mancherorts auch recht günstigen Bahnhofsbuffets. Bereits steigen Kettenbetriebe in das Gewerbe ein, so wurden die ersten Restaurants von McDonald's in die Bahnhöfe der Bundesbahnen integriert.

Gemütliches Bahnhofsbuffet bei Kandersteg am Lötschberg.   *Foto: Cornelia Cadotsch*

Gepäck, Service an Bord

Vom Dienst am Bahnkunden

Komfortabel reisen – auch dank der Möglichkeit zur Gepäckaufgabe

Jeden Tag befördern die SBB im Schnitt 840.000 Reisende, also über ein Zehntel der Schweizer Bevölkerung. Für diese Bahnkunden zählen neben der Geschwindigkeit auch der Komfort und der Service. Aller Technisierung zum Trotz wird der persönliche Kontakt zur Konducteurin und zum Konducteur noch heute außerordentlich geschätzt. Die Zugbegleiter/innen kontrollieren und verkaufen Fahrscheine (mit Preisaufschlag gegenüber dem Schalter) und sie geben hilfsbereit Auskunft über Ankunfts- und Abfahrtszeiten, Umsteigemöglichkeiten oder Gleisänderungen. Das elektronische Zugpersonalgerät leistet ihnen dabei gute Dienste.

Durstige oder hungrige Reisende erwarten oft mit Ungeduld die rollende Minibar, die in den meisten Schnellzügen unterwegs ist. Das leckere Angebot

Damit reisen nicht zur Tortur wird, überlässt man das Gepäck am besten der Bahn.   Foto: Vally Gohl

besteht aus kalten und warmen Getränken, sowie Gipfeli, täglich frisch zubereitete Sandwiches, Snacks und Süßigkeiten. Natürlich sind auf den Schweizer Schienen auch die klassischen Speisewagen unterwegs. Kinder können in den beliebten Familienwagen nach Herzenslust herumtollen und sich dort die Reisezeit auf der Rutschbahn verkürzen und mit Legos, Bauklötzen und Bilderbüchern ihre Langeweile vertreiben. Auch für Rollstuhlfahrer steht dem Reisen nichts im Weg. An über 100 Bahnhöfen können sich

Stilvoll speisen: In Zeiten von Fastfood und Imbissbuden sind diese Angebote wieder gefragt.
Foto: Archiv Lan

TIPP

Komfortabel reisen kann man auch mit dem Auto auf dem Zug – zum Beispiel während einer Fahrt durch den Lötschbergtunnel. Auf dem Weg in den Süden stellt sich die mächtige Barriere der Berner Alpen in den Weg. Doch Kandersteg ist keine Sackgasse. Dort wo die Autostraße endet, fährt man huckepack auf dem Spezialtransporter der BLS Lötschbergbahn weiter. Einfach auf den Zug fahren, Handbremse anziehen und los gehts durch den 14,6 km langen Tunnel. Man kann und muss dabei sogar im Auto sitzen bleiben.

Gepäck, Service an Bord

Rollende Minibar: Essen und Trinken kommen an den Platz.   *Foto: Vally Gohl*

Behinderte im Rollstuhl per Mobilift (bitte unbedingt eine Stunde vor Abfahrt telefonisch beim Einsteigebahnhof anmelden) in den Zug heben lassen. Fast alle Schnellzüge führen 2.-Klasse-Wagen mit einem Rollstuhlabteil. Klimaanlagen sind bei der Ausstattung der Fernverkehrszüge heute selbstverständlich, während Telefone im Zeitalter der Handys kaum mehr zu finden sind.

»Wohin bloß mit meinen Siebensachen?« Diese Frage kann während der Hauptreisezeit – und besonders in den engen IC-Doppelstöckern – berechtigt sein. Die Suche nach genügend Stauraum ist lästig und anstrengend. Auch das Umsteigen mit mehreren Gepäckstücken kann zur Tortur werden. Deswegen ist es ratsam, das Gepäck separat auf die Reise zu schicken. Koffer und Taschen können an Schweizer Bahnhöfen für zehn Franken je Stück aufgegeben werden. Ohne Zugbillett muss der vierfache Preis für die Gepäckaufgabe gezahlt werden. Zum gleichen Tarif spediert die Bahn auch Skier, Snowboards und Skischuhe, dafür werden gratis Schutzhüllen abgegeben. Damit das Gepäck zur rechten Zeit beim Zielort eintrifft, sollte man es am besten 24 Stunden vor Abreise am Gepäckschalter abgeben. Es steht dem Reisenden offen, eine Versicherung gegen Verlust und Beschädigung während des Transportes abzuschließen. Gruppengepäck wird für acht Franken je Stück transportiert. Flugreisenden steht der Fly-Rail-Gepäckservice zur Verfügung. An 125 Schweizer Bahnhöfen kann das Fly-Gepäck (max. 32 kg je Stück) via Flughafen Zürich, Genf oder Basel bis zum Flugziel aufgegeben werden. Alle Preise: Stand 2009.

Der McDonald's-Speisewagen ist inzwischen leider bereits Geschichte.   *Foto: Vally Gohl*

Fahrräder

Velo selbst in den Doppelstöcker ein- und ausladen – noch einfacher gehts nicht! **Foto: Foto-Service SBB**

Mit dem Velo im Huckepack

Tipps für Transport und Freizeit

Die landschaftlichen Schönheiten der Schweiz lassen sich auch gut mit dem Velo entdecken. Velofahren – übrigens der Schweizer Ausdruck für »Radfahren« oder »Radeln« – macht Spaß und fördert zudem noch die Gesundheit. Am 30. Mai 1998 wurde das Veloland Schweiz ins Leben gerufen. Es umfasst neun Routen und 3.300 km signalisierte Radwanderwege durch das ganze Land. Von der vergnüglichen Spazierfahrt, wie beispielsweise der Berner-Mittelland-Tour entlang der Aare von Bern nach Biel, bis zu den gebirgigen Routen für sportliche Mountainbikefahrer, wie die Engadiner Tour von St. Moritz nach Scuol, ist alles möglich. Dabei wartet die Bahn mit einem attraktiven Velo-Transportangebot auf. Das vereinfacht nicht nur die Hin- und Rückreise, sondern man kann auch verschiedene Routen mit den Transportangeboten (Bahn, Schiff) miteinander verknüpfen.

Für den Velotransport per Selbstverladung stehen bei den Schweizerischen Bundesbahnen SBB und den meisten Privatbahnen Gepäckwagen oder gekennzeichnete Personenwagen zur Verfügung. Eine Tageskarte für die Veloselbstverladung kostet 12,– Franken mit Halbtax-Abo oder GA, ansonsten 18,– Franken. Es gibt auch eine Multitageskarte mit sechs Feldern für 72,– Franken. Der Velopass für ein Jahr ist mit Halbtax-Abo/GA für 220,– Franken erhältlich. Mit Velopass und Familienkarte reisen die Velos der Kinder gratis und die Rent-a-Bike-Angebote sind 20% günstiger. Wer bequemer unterwegs sein möchte, kann das Velo, am

Fahrräder

besten 24 Stunden vor der Abreise, der Bahn zum Transport übergeben. So reist man sorgenlos und kann das Velo am Zielort wieder in Empfang nehmen. Mit Zugbillett beläuft sich der Veloversand für ein Standardvelo auf 16, ohne Zugbillett auf 48 Franken. Es empfiehlt sich für den Veloversand eine Transportversicherung abzuschließen. Wer sein Velo zerlegen und verpacken möchte, erhält an allen größeren Bahnhöfen eine Transporttasche (TranZBag) und nimmt es gratis als Handgepäck mit. Wenn die Tour zu einem ganz unbeschwerten und unkomplizierten Erlebnis werden soll, mietet man am besten bei der Firma Rent-a-Bike ein Velo. An rund 80 Bahnhöfen warten über 4.000 tadellos funktionierende, saubere Räder. Das Angebot besteht aus Countrybikes, Mountainbikes und Kindervelos verschiedener Größen. Die Besitzer eines GAs oder eines Halbtax-Abos profitieren von ermäßigten Velomietpreisen. So kostet ein Countrybike pro Tag 28,– Franken mit Halbtax-Abo/GA und 33,– ohne Abo. Kindersitze sind kostenlos (nur für Countrybikes). Helme werden für folgende Strecken kostenlos ausgeliehen: Gotthard Nord und Süd, Engelberg, Jura (Saignelégier–Glovelier) und Goms (Oberwald–Fiesch) Es werden für alle Velotypen auch 1/2-Tages-Tarife angeboten. Einzelvelos bestellt man am besten 24 Stunden und Velos für Gruppen sieben Tage vor Mietbeginn am jeweiligen Bahnschalter. Weitere Informationen gibts im Internet unter www.rentabike.ch. Alle Preise: Stand 2011.

Velo-Traumland Schweiz: Der nächste Bahnhof ist nie weit – die Züge als Begleiter.   *Foto: Ronald Gohl*

Mietwagen

Re 460 018 »Mobility« wirbt für CarSharing – Bahn und Mietauto.   *Foto: Foto-Service SBB*

Und ewig lockt das Automobil

Mietwagen im Angebot

In den USA arbeiten Amtrak und verschiedene Autovermietungsgesellschaften schon seit vielen Jahren zusammen. Wer in Amerika mit dem Zug fährt, kann sich selbst in abgelegenen Provinzbahnhöfen ein Auto reservieren lassen. Manchmal wird der Mietwagen sogar zum Bahnhof gefahren und die zuständige Person wartet selbst verspätete Züge ab. Auch in Frankreich haben Avis und SNCF einen Kooperationsvertrag. Wenn mal keine Vertretung mit Schalteröffnungszeiten vor Ort ist, übergibt der Bahnhofsvorstand die Fahrzeugschlüssel. In der Schweiz war hingegen der Mietwagen am Bahnhof lange kein Thema.

Dort, wo die Leistungsfähigkeit des öffentlichen Verkehrs aufhört, kann aber nur noch ein individuelles Fahrzeug helfen. In diesem Fall bietet sich CarSharing an: ein Auto zu benutzen, ohne es zu besitzen. Die Idee, Mobilität nach Herzenslust kombinierbar zu machen, wurde in der Schweiz am 1. September 1998 dank der neuen Partnerschaft von SBB und Mobility CarSharing verwirklicht. Die Reisenden haben mit der neuen kombinierten Mobility Rail Card die Möglichkeit, zwei Jahre lang für 472 Franken die Mobility Mitgliedschaft sowie den Zugang zu Bahn, Bus und Schiff zum halben Preis zu nutzen. Auch das Halbtax-Abo oder das GA ist mit der Mobility Card ergänzbar. Besitzer/innen eines SBB-Abos zahlen bei Mobility eine reduzierte Jahresgebühr. Dieses neue Abo erfreut sich in der Bevölkerung großen Zulaufs. Bis Ende 1998 verzeichnete Mobility aufgrund der neuen Zusammenarbeit mit den SBB 4.620 neue Kunden. An ungefähr 250 Bahnhöfen und 650 weiteren

Mietwagen

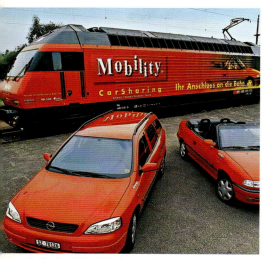

CarSharing mit den SBB. Caravan oder Cabrio für wenige Franken im Jahr.
Foto: Foto-Service SBB

Standplätzen warten die roten Mobility-Autos. Sie sind rund um die Uhr per Telefon oder Internet reservierbar und sofort in Selbstbedienung abholbereit. Die Wagenflotte besteht aus über 1.700 Fahrzeugen verschiedenster Wagengrößen und Wagentypen. Von einem Smart, einem Cabrio oder einer Limousine über einen Caravan bis zu einem Transporter ist alles zu haben. Der Nachteil bei Mobility ist, dass neben dem Kilometertarif auch ein Stundentarif verrechnet wird und somit längere Fahrten recht teuer werden. Außerdem muss der Wagen immer an den Standort zurückgebracht werden, an dem er geholt wurde. Reservierung für Mobility-Autos: Tel. 0848 824 812.

Für Einwegfahrten und für längere Ferienfahrten mit Mietwagen bietet auch die Firma Hertz ihre Dienste an. GA- oder Halbtax-Abo-Inhaber/innen profitieren von Vergünstigungen bei den Automieten. Eine Fahrzeugübernahme und -rückgabe ist gegen Gebühr an mehreren Bahnhöfen möglich. Die Firma Hertz stellt auch einen Heimlieferdienst zur Verfügung, gegen einen Aufpreis kommt das gewünschte Mietauto zu den Reisenden nach Hause. Mindestmietdauer ist ein Tag. Gegen Gebühr und auf Vorbestellung sind auch mobile Telefone, Kindersitze und Skiträger erhältlich. Reservierung bei Hertz: Tel. 0848 824 814.

Auch in der Schweiz mit dem engmaschigen Schienennetz besteht für Mietautos eine große Nachfrage – aber häufig in Ergänzung zum öffentlichen Verkehr. Weitere Informationen im Internet unter www2.mobility.ch. Alle Preise: Stand 2009.

TIPP

Werbung auf Lokomotiven ist ein Produkt der Neunzigerjahre. Damit erreicht man nicht nur Eisenbahnfans sondern gleichzeitig auch alle Bahnreisenden. Mit der Re 460 018 »Mobility« werben die SBB für ihr CarSharing-Produkt. Die Maschine aus der Lok-2000-Familie ist 230 km/h schnell und verfügt über eine Stundenleistung von 6.100 Kilowatt. Wenn ein Privatkunde auf einer Lok Werbung machen will, blättert er dafür eine Viertelmillion hin, hinzu kommt die Folienverkleidung und das Lackieren der Lok für etwa 100.000 Franken.

Die sieben schönsten Fernstrecken

Gotthardroute

Längst Geschichte: RABe 1054 als EC 57 »Gottardo« bei Lavorgo in der Leventina.   *Foto: Heinz Sigrist*

Kehrtunnels und Klimaschock

Gotthard: Basel–Chiasso

Der Rhein wendet sich in Basel in einem großen Bogen nach Norden und bildet im Dreiländereck die Grenze zwischen Deutschland, Frankreich und der Schweiz. Basel ist eine internationale Eisenbahnstadt mit drei Bahnhöfen von drei Bahngesellschaften. Im Badischen Bahnhof werden die Züge der Deutschen Bahn AG abgefertigt, der SBB-Bahnhof ist Ausgangspunkt für drei wichtige Bahnlinien: durchs Birstal nach Delémont, durchs Fricktal nach Zürich und durch den Hauenstein nach Bern und Luzern. Dritter im Bunde ist der französische Grenzbahnhof, wo sogar der TGV in Richtung Paris fährt.

Auch die Reise in den Süden beginnt im Bahnhof SBB, der zurzeit eine weitere Ausbauetappe erlebt. Wir fahren mit dem ICN zunächst in Richtung Olten. Für Eisenbahnfans interessant ist Muttenz – leider nicht Schnellzugshalt. Hier befindet sich einer der größten Rangierbahnhöfe der Schweiz. In Liestal, dem Kantonshauptort von Baselland, halten einige InterCity-Züge. Hier könnten wir ins »Waldenburgerli« umsteigen, das auf schmaler Spur (750 mm) durchs Frenkental fährt. Weil die Reise ins Tessin über vier Stunden dauert, bleibt uns für diesen Abstecher kaum genügend Zeit. Sissach

INFO

Anreise: Basel erreicht man mit ICE und IC von Zürich und Deutschland aus. **Fahrplanfelder:** 500, 510 und 600. **Streckenlänge:** 321 km pro Weg. **Fahrzeit:** 4:05 bis Chiasso im ICN. **Reservierungen:** fakultativ. **Verkehrszeiten:** das ganze Jahr. **Besonderes:** Panoramawagen in den IR nach Locarno. **Spurweite:** 1.435 mm.

Triebfahrzeuge: Alle zwei Stunden ein EC-Neigezug (ETR 610) Zürich–Mailand alle zwei Stunden ein ICN-Neigezug Basel–Lugano stündlich IR mit Re 460 oder 4/4II nach Locarno.

Info: Rail-Service 0900 300 300, (Fr. 1.19/Min.), www.sbb.ch

Gotthardroute

und Gelterkinden heißen die nächsten größeren Orte im Kanton Baselland. Bei Tecknau verschwindet der Zug im Hauensteintunnel. Der 8.134 m lange Juradurchbruch konnte im Januar 1916 eröffnet werden. Von der Hauenstein-Basislinie wurde damals eine Belebung des Verkehrs erwartet. Doppelspur und eine geringere Maximalsteigung von nur 10,5‰ im Vergleich zu 26,4‰ (Alter Hauenstein) erfüllten die Erwartungen vollumfänglich. Der Bahnknoten Olten liegt bereits im Kanton Solothurn. Hier treffen die national wichtigen Bahnlinien von Basel, Zürich, Solothurn, Bern und Luzern zusammen. Wir fahren nach kurzem Halt weiter nach Luzern. Die Reise führt über Zofingen und später am Sempacher See entlang weiter in Richtung Süden. Im Herbst und Winter liegt in dieser Region oft wochen-, ja sogar monatelang dicker Nebel. Bei Emmenbrücke fährt der Zug in einem großen 180-Grad-Bogen in die Stadt Luzern ein. Der Bahnhof am See wird durch den Gütschtunnel erreicht. In Luzern wird die Fahrtrichtung gewechselt, denn es handelt sich um einen so genannten »Kopfbahnhof«. Die Züge verlassen die Stadt in der gleichen Richtung, aus der sie gekommen sind. Gleich am Ausgang des Bahnhofs trifft man auf Sehenswürdigkeiten wie die Kapellbrücke, den Vierwaldstätter See oder die fünf historischen Raddampfer. Der alte Bahnhof von Luzern brannte übrigens am 5. Februar 1971 bis auf die Grundmauern nieder. 20 Jahre später konnte auf den Tag genau das neue Gebäude mit seiner transparenten Fassade in Betrieb genommen werden. Die Züge fahren auf den um 30 m verlängerten Gleisen praktisch bis in die Stadt. Kurz nach dem Gütschtunnel zweigt der Zug auf seinem weiteren Weg in Richtung Süden rechts ab. Nach der Reußbrücke folgt schon der nächste Tunnel auf der nun eingleisigen Strecke. Nur der Voralpenexpress folgt dem Ufer des Vierwaldstätter Sees.

Interregio Basel–Locarno mit Re 4/4 und Panoramawagen auf der Gotthardbahn. Fotos: D. Beckmann

Die ICN ins Tessin fahren über den Rotsee nach Ebikon und weiter über Rotkreuz an den Zuger See. Nächster wichtiger Verkehrsknoten ist Arth-Goldau. Von hier aus könnten wir mit der Zahnradbahn auf den Rigi fahren. In

Gotthardroute

Arth-Goldau vereinigen sich aber auch die Linien nach Zug und Zürich sowie nach Pfäffikon (Schweizerische Südostbahn). Wir befinden uns nun bereits auf der Gotthardroute, auf der rechten Seite erscheint der Urner See – die Geburtsstätte der Eidgenossenschaft, das Rütli, befindet sich gleich vis-a-vis. In Erstfeld sind die kraftvollen Gotthardlokomotiven und zahlreiche historische Fahrzeuge beheimatet. 1881 konnte die wichtige Nord-Süd-Achse in Betrieb genommen werden. Zu den berühmtesten Gotthard-Schwerar-

Gotthardroute

Sonderzug mit drei »Krokodilen« vom 14. September 1997 nach Biasca in der Leventina. Foto: Beat Bruhin (Seiten 50/51)

Es folgt nun Tunnel an Tunnel. Besonders berühmt sind die Kehrschleifen von Wassen. Das Kirchlein kann man dreimal hintereinander sehen, jedes Mal von einer anderen Seite und ein Stück höher. Die Gesamtlänge aller 52 Tunnels auf der Gotthardstrecke beträgt über 40 km. Bei Göschenen verabschiedet sich der Zug von der Nordschweiz. 14.900 m trennen ihn noch vom Tessin. Zwei Welten treffen hier aufeinander. Oft scheint auf der anderen Seite die Sonne, während es in der Nordschweiz regnet. Doch der Klimaschock erwartet die Reisenden fast immer in entgegengesetzter Richtung. Wir freuen uns indes auf den sonnigen Süden. Je weiter wir von Airolo die Leventina hinunterfahren, desto wärmer wird es. Noch einmal gilt es einige Kehrtunnels zu durchqueren, bis der Zug in Bellinzona, dem Tessiner Kantonshauptort, hält. Hier zweigen die Linien nach Locarno und Luino (Italien) ab. Zwischen Bellinzona und Lugano liegt ein weiterer Pass. Es geht also vorerst wieder aufwärts zum Monte Ceneri. Die Talfahrt nach Lugano ist kaum spürbar, die Aussicht auf das Industrietal wenig attraktiv. Umso schöner ist Lugano mit seinen Arkaden und Seepromenaden. Vielleicht sollte man schon hier die Reise beenden – oder wirklich bis nach Chiasso an der italienischen Grenze fahren, wo nicht besonders viel los ist?

beitern gehörten so legendäre Maschinen wie die »Krokodile«, die Ae 8/14, die Ae 4/6 oder die Ae 6/6 mit den Zierstreifen. Zurzeit erbringt das Kraftpaket Re 4/4 III + Re 6/6 zusammen eine Stundenleistung von 12.600 kW.

Lötschbergroute

Seit der Eröffnung des Lötschberg-Basistunnels fahren nur noch wenige Güterzüge über den Kanderviadukt bei Frutigen.
Foto: Dietmar Beckmann

Die private Alpentransversale

Lötschberg: Spiez–Brig

Die Reise von Basel nach Interlaken im Berner Oberland wird detailliert auf den Seiten 68–70 beschrieben. Hier widmen wir uns der Lötschbergachse, die von Spiez aus über Frutigen und Kandersteg nach Brig führt. Die Strecke ist besonders reich an Kunstbauten. Atemberaubende Viadukte, Tunnels und Lawinengalerien ziehen am Wagenfenster vorbei. Bis ins Jahr 1992 konnte der Lötschberg nur einspurig befahren werden. Der Doppelspur-Ausbau war am Lötschberg unausweichlich, denn der Transitauftrag auf der Schiene wuchs in den letzten Jahrzehnten ständig. 14 Jahre lang dauerten die Ausbauarbeiten zwischen Spiez und Brig. Das Landschaftsbild litt durch den Doppelspurausbau nur wenig. Naturnah gestaltete Böschungen und Brücken aus Natursteinen erforderten nur ein Minimum an Eingriffen in die Natur. Pionierarbeit leisteten aber auch die weitblickenden Erbauer um die Jahrhundertwende. Sie legten auf der

INFO

Anreise: Spiez erreicht man mit I, ICE und IC, ICE von Basel bzw. Zürich via Bern, von Luzern gelangt man über Thun nach Spiez. **Fahrplanfeld:** 300. **Streckenlänge:** 101 km pro Weg. **Fahrzeit:** 72 min im RE bis Brig. **Reservierungen:** nein. **Verkehrszeiten:** das ganze Jahr. **Besonderes:** Wanderrouten entlang der Bahn auf der Nord- und Südrampe (vgl. Seiten 188/189. **Spurweite:** 1.435 mm.

Triebfahrzeuge: Stündlich RE mit modernem RABE 535 (Lötschberger). Nach 21.00 Uhr einzelne IC.
Einzelne Güterzüge insbesonders in Süd-Nord-Richtung mit SBB Re 10/10 oder BLS 425, 465, 485

Info: BLS 031 327 27 27, www.bls.ch

Lötschbergroute

37 km langen und am 15. Juli 1913 eröffneten Strecke bereits die Fundamente für den späteren Doppelspur-Ausbau. Auch die Tunnelprofile ermöglichen einen problemlosen Ausbruch. Durch den Scheiteltunnel verkehrten die Züge übrigens von Anfang an doppelspurig. Aufsehen erregte damals nicht nur der 14.612 m lange Tunnel, sondern auch der von Anfang an elektrische Betrieb mit den 2.500 PS starken Be 5/7-Loks.

Auf der 101 km langen Reise von Spiez nach Brig durchfährt der Zug nicht weniger als 51 Tunnels mit einer Gesamtlänge von 38.961 m. Hinzu kommen elf Lawinengalerien mit einer Länge von 830 m. In die Schutzbauten musste die BLS Lötschbergbahn AG seit ihrem Bestehen viele Millionen Franken investieren, um die Strecke auch in strengen und schneereichen Wintern betriebssicher zu halten.

Nachdem der Zug den vor kurzem ausgebauten und modernisierten Bahnhof Spiez verlassen hat, durchfährt er schon den ersten Tunnel, der ins Kandertal abzweigt. Dem Flusslauf folgend geht es zunächst ziemlich unspektakulär bis Frutigen weiter.

Kurz hinter dem Bahnhof überquert der Triebwagen das Nordportal des »Lötschberg-Basistunnels«, durch den seit 2007 fast alle Fernreise- und Güterzüge unterirdisch bis ins Rhônetal fahren. Wir fahren aber weiter über den direkt anschließenden, 285 m langen Kanderviadukt, auf dem der Talboden

Neue Triebwagen namens »Der Lötschberger« haben den gesamten Personenverkehr auf der Bergstrecke übernommen. Der RegioExpress Brig–Spiez fährt gerade über das Nordportal des Basistunnels hinweg
Fotos: Dietmar Beckmann, Archiv Lan (Seiten 54/55)

Lötschbergroute

überquert wird. Bei Blausee wendet der Zug in einer großen Schleife und beginnt seinen Aufstieg nach Kandersteg. Ein weiterer Kehrtunnel bringt den nächsten Richtungswechsel und nach einem meist kurzen Halt im Ferienort Kandersteg verschwinden wir im Lötschbergtunnel. Goppenstein liegt bereits im Wallis und wäre Ausgangspunkt für einen Ausflug ins Löt-

Lötschbergroute

Auch Re 460 (Lok 2000) vor Güterzugwagen in Mehrfachtraktion sind heute bereits historisch, da diese Baureihe vorwiegend nur noch Intercity-Züge zieht und schiebt. **Foto: Archiv Lan**

schental (Postauto). Wir fahren indes durch Lawinengalerien und erreichen bei Hohtenn die Lötschberg-Südrampe. Der Zug durchfährt keine Kehrschleifen mehr, verliert aber stetig an Höhe, bis wir nach zahllosen Tunnels und Viadukten endlich den Talboden bei Brig erreicht haben. Hier ginge es durch den Simplon weiter nach Italien.

Simplonroute

Ankunft des Cisalpino im Bahnhof von Thun, im Hintergrund das Schloss. Foto: Ronald Gohl

Durch den Simplontunnel

Simplon: Brig–Domodossola

Als zweitlängster Eisenbahntunnel der Schweiz gilt der Simplon. Die längere der beiden Röhren misst 19.823 m.

Der Tunnel wurde unter großen Schwierigkeiten, wie heißen Quellen und bis über 50 Grad ansteigenden Lufttemperaturen in den Jahren 1898–1905 erbaut. Die Betriebseröffnung der Simplonbahn (Brig–Iselle–Domodossola) erfolgte 1906. Sie verbindet das obere Rhônetal mit Norditalien, indem sie in dem 19.803 m langen Simplontunnel I den Osthang des Monte Leone unterfährt. Der Scheitelpunkt der Bahn liegt auf 706 m Höhe. In den Jahren 1912–1922 wurde ein Paralleltunnel für ein zweites Gleis angelegt. Am 16. Oktober 1922 fand die Eröffnung des um 20 m längeren Simplontunnels II statt. So berühmte Züge wie der Simplon-Orient-Express verdanken ihren Namen der neuen Verbindung von Paris über Lausanne nach Mailand (und weiter via Venedig, Triest, Belgrad, Sofia nach Konstantinopel).

Schon bei Betriebseröffnung wurde die Strecke elektrisch betrieben. Von Anfang an standen zwei elektrische Leihlokomotiven aus Italien zur Verfügung, sie wurden mit Drehstrom von 3.000 Volt Spannung und 16,7 Hz Frequenz gespeist. Weil die beiden Loks für den Tunnelbetrieb nicht immer ausreichten, verkehrten gelegentlich auch Dampflokomotiven durch den fast 20 km langen Tunnel. Auch der Simplon-Express fuhr mit Dampf durch den Simplon, um sich den zweimaligen Umspannaufenthalt vor und hinter dem Tunnel zu ersparen.

Noch heute besorgen die SBB den Betrieb bis Domodossola. Schweizer Regionalzüge bedienen italienische Provinzbahnhöfe wie Iselle di Trasquera, Varzo oder Preglia. Viel Schweiz erlebt man auf der etwa 30 Minuten dauernden Fahrt nach Domodossola

Simplonroute

nicht gerade. Schon wenige hundert Meter nach der Ausfahrt aus dem Bahnhof Brig verschwindet der Zug im Simplontunnel. Die Grenze befindet sich etwa nach einem Drittel der Tunnellänge. Iselle gehört bereits zu Italien. Die Pass- und Zollkontrollen finden meist während der Tunnelfahrt statt. Einzige Verbindungen tagsüber in den Süden sind die mehrmals täglich fahrenden "New Pendolino". Die sehr unbeliebten Triebzüge vom Typ ETR 470 wurden inzwischen durch die neuen ETR 610 ersetzt. Das Val Divedro am Südende des Simplons vermittelt richtig südländisches Ambiente – welch ein Kontrast zur Walliser Stadt Brig. Zwischen Iselle und Varzo durchfährt der Zug einen Kehrtunnel – die Aussicht ist nicht spektakulär, die Reise dennoch lohnend. In Domodossola kann man in die Centovalli-Bahn umsteigen, die über Camedo nach Locarno fährt; die schnellste Verbindung von Bern ins Tessin! Aber auch wer noch weiter in den Süden will, wird nicht enttäuscht. In Domodossola steigt man entweder in einen italienischen Zug um, oder man bleibt im Cisalpino sitzen. Nächster sehenswerter Ort ist Stresa am Lago Maggiore. Mit seinen Boromee-Inseln ist das kleine Städtchen weltberühmt geworden. Oft liegt in Brig noch viel Schnee, während in Stresa – etwa eine Stunde weiter südlich – schon die Tulpen blühen. Die Natur hat sich ganz auf das mediterrane Klima eingestellt – überall wachsen Palmen und südländische Pflanzen. Wegen der guten Bahnverbindung eignet sich Stresa auch als Ziel für das Wochenende.

INFO

Anreise: Brig wird von Bern aus über den Lötschberg erreicht, von Lausanne aus besteht eine Verbindung durchs Rhônetal. **Fahrplanfeld:** 145. **Streckenlänge:** 32 km pro Weg. **Fahrzeit:** 30 min bis Domodossola. **Reservierungen:** im CIS fakultativ, südlich Domodossola obligatorisch. **Verkehrszeiten:** das ganze Jahr. **Besonderes:** Schweizer Regionalzüge bedienen italienische Provinzbahnhöfe. **Spurweite:** 1.435 mm.

Triebfahrzeuge: ETR 610 als EC Re4/4^{II}-Pendelzüge als IR

Info: Rail-Service 0900 300 300, (Fr. 1.19/Min.), www.sbb.ch

Sonnenstube Stresa: Hier kommt zwischen Palmen und See Ferienstimmung auf.   BLS Lötschbergbahn AG

Juraroute

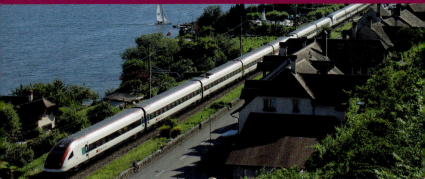

Auf dem letzten Einspurabschnitt der Jurafuss-Linie durcheilt eine ICN-Doppeleinheit (14 Wagen) den malerischen Weinort Ligerz am Bieler See. Foto: Dietmar Beckmann

Durch die Kluse an den Genfer See

Jura: Basel–Lausanne

Das fünfflüglige, gewölbte Glasdach des Basler Bahnhofs stammt aus dem Jahre 1907. Heute historisches Bahndenkmal, kommt es seit dem Neubau der Basler Post nicht mehr so richtig zur Geltung. Bereits im Jahr 2003 wurde auch der neue Basler Bahnhof in Betrieb genommen, moderner, heller, passend zur neuen S-Bahn und zum TGV nach Paris.

Die Reise von Basel durch das Birstal und den Jura zum Neuenburger See und weiter bis an den Genfer See gilt unter Bahnkennern als »Leckerbissen«.

Das erste Teilstück Basel–Delémont– Biel wurde in den Jahren 1875 bis 1915 eröffnet. Nur wenige Kilometer südlich von Basel ereignete sich 1891 eines der größten Eisenbahnunglücke der Schweiz. Ein voll besetzter Extrazug der Jura–Simplon-Bahn brachte am 14. Juni die vom französischen Ingenieur Gustave Eiffel erbaute Birsbrücke bei Münchenstein zum Einsturz. Das Unglück kostete 71 Menschenleben. Heute nimmt man die kurze Birsbrücke kaum wahr. Die Strecke ist nur bis Aesch zweigleisig ausgeführt. Danach gehts mit Streckenblöcken gesichert weiter über Grellingen und Laufen nach Delémont. Dabei wird gleich mehrmals die Birs überquert. Mehrere Burgen

INFO

Anreise: Basel wird von Zürich, Luzern und Bern mit dem IC oder EC erreicht. **Fahrplanfelder:** 230, 210 und 200. **Streckenlänge:** 188 km pro Weg. **Fahrzeit:** 2 h 12 min bis Lausanne. **Reservierungen:** nur in den Businessabteilungen (1. Kl.) möglich. **Verkehrszeiten:** das ganze Jahr, direkte Züge Basel–Genf. **Besonderes:** landschaftlich abwechslungsreiche Strecke mit vielen Highlights. **Spurweite:** 1.435 mm.

Triebfahrzeuge: InterCity-Neigezüge, ICN.

Info: Rail-Service 0900 300 300, (Fr. 1.19/Min.), www.sbb.ch

Juraroute

können während der Reise entdeckt werden, beispielsweise das Schloss Angenstein, unter welchem kurz nach Aesch sogar ein Tunnel hindurchführt. In Laufen, wo die meisten Züge halten, fließt die Lützel in die Birs. Nach Osten öffnet sich das Tal zum Passwang hin. Bis Delémont fahren wir durch eine schöne, fast unberührte Flusslandschaft. Delémont ist vorwiegend katholisch und wurde bereits im 7. Jahrhundert gegründet. Für Eisenbahnfans sehenswert ist die »Rotonde«, ein 1889 nach französischem Vorbild erbauter Ringlokschuppen. Diese inzwischen selten gewordenen BWs stellen eine idustriearchitektonische Rarität dar. Das Gebäude wurde ähnlich wie der Eiffelturm in Eisenkonstruktion gebaut und dabei vollständig genietet. Die Baseler S-Bahn fährt weiter in Richtung Westen bis Porrentruy. Wir wechseln in Delémont die Fahrtrichtung. Südwärts gehts nun durch die

Kluse vor Roches mit zwei »Krokodilen« (Be 6/8 III 13302 und 13303). Foto: Beat Bruhin

Juraroute

Re 4/4 II mit Bieler See, fotografiert oberhalb von La Neuveville. Foto: Roger Haueter

wildromantische Münsterschlucht nach Moutier. Hier fahren wir durch die Kluse, worunter man so viel wie den engen Einschnitt durch eine Jurakette versteht. Im Gegensatz zu Delémont ist Moutier vorwiegend protestantisch. Der Zug fährt nach kurzem Halt durch den 8.576 m langen Grenchenbergtunnel. Die 1914 fertig gestellte Linie gehört der BLS Lötschbergbahn AG. Sie wurde einst als Zufahrt Delle–Biel–Lötschberg gebaut, dient heute aber vorwiegend den SBB-Zügen der Juraroute Basel–Lausanne. Die Bahnlinie Biel–Solothurn–Olten wird nach der Ausfahrt aus dem Tunnel auf einem großen Viadukt überquert und nach einer guten Stunde Fahrt hält der Zug in Biel/Bienne. Zwei Standseilbahnen führen von der Stadt aus auf die Jurahöhen. Seine Blüte hatte Biel zur Zeit der industriellen Revolution. Doch noch heute ist die Stadt im Kanton Bern ein beliebter Handelsplatz und bekannt für seine Uhrenindustrie (Swatch). Jetzt, am Jurafuss, beginnt der schönste Teil der Reise, denn zwischen Biel und La Neuveville folgt der Zug dem Seeufer. Rechts steile Rebberge, links das Wasser, zwischendurch romantische Winzerdörfer. In Twann beginnt der letzte Einspurabschnitt am Jurafuß. Auf Straßenniveau mit Schranken und Drehkreuzübergän-

Juraroute

technik kommt dem Studienzentrum eine Pionierrolle zu. Seit 1910 führt eine Standseilbahn die Hänge des Neuchâteler Hausbergs Chaumont hinauf. Schon wenige Kilometer nach dem Verlassen des Bahnhofs sehen wir erneut auf der linken Seite das Wasser und auf der rechten Seite die Rebberge. Diesmal sind wir am Neuenburger See. Die Bahnlinie wurde hier in den letzten Jahren zweigleisig ausgebaut. Durch langgestreckte Kurven und neue Tunnel schießen die Neigezüge mit 160 km/h durch die Weinberge, wo die InterCity sich noch vor zehn Jahren mit 80 km/h am Ufer entlangschlängelten. Grandson am Ende des Sees erinnert an eine große Schlacht der Eidgenossen. Hier haben die Schweizer Karl den Kühnen besiegt. Nächste Station ist Yverdon. In der SBB-Hauptwerkstätte werden Lokomotiven repariert und revidiert. Man könnte hier aussteigen und mit der Chemin de fer Yverdon–St.-Croix (YSteC) auf die Jurahöhen fahren. Yverdon ist aber auch bekannt, weil hier Heinrich Pestalozzi lange Zeit gewirkt hat. Wir bleiben im Zug sitzen und fahren weiter in Richtung Süden. Diesmal säumt ein interessantes Biotop, der Etangs-de-Bavois, den Schienenstrang. Bei Mormont haben wir die »Mitte der Welt« erreicht, wie die Einheimischen sagen. Zu bewundern gibts die Wasserscheide zwischen Rhein und Rhône. Bei Bussigny treffen wir mit der nach Genf führenden Eisenbahnlinie zusammen. Und wenige Minuten später treffen wir schließlich in Lausanne ein.

gen passieren wir das malerische Weindörfchen Ligerz, dessen Kirche die Etiketten vieler Weinflaschen ziert. Neben den sechs bis acht Reisezügen fahren hier meist noch vier bis sechs Güterzüge pro Stunde, eine betriebstechnische Meisterleistung. Nächster wichtiger Halt ist Neuchâtel. Neuenburg, wie man auch sagt, ist nicht bloß ein weiteres Uhrenstädtchen mit hässlichen Fabrikgebäuden – hier wird viel Kultur und schöne Architektur geboten. Schloss und Stiftskirche bilden zwei der bedeutendsten Baudenkmäler der Schweiz. Doch auch die Bildung kommt am Jurasüdfuss nicht zu kurz, seit 1909 ist Neuchâtel Universitätsstadt. In Physik, Elektronik und Mikro-

Bündner Route

Malerische Ausblicke: die sieben Churfirsten mit dem Walensee im Frühling. Foto: Ronald Gohl

In die Ferienecke der Schweiz

Nach Graubünden: Zürich–Chur

Hauptbahnhof Zürich: Die moderne Architektur des Nordtraktes bildet einen interessanten Kontrast zur 1871 von Friedrich Wanner erbauten Bahnhofshalle. Im hypermodernen Bahnreisezentrum, das am 22. Oktober 1996 eröffnet wurde, kann man vom Trambillett bis zur Weltreise so ziemlich alles erstehen. Seit 1984 wurden im HB Zürich über eine Milliarde Franken verbaut. Mit 7.267 m^2 ist die Zürcher Bahnhofshalle der größte überdachte Platz der Schweiz. Doch damit nicht genug. Westlich neben dem Hauptbahnhof soll der »Eurogate« entstehen. Mit der Bewilligung entschied sich die Bausektion des Stadtrates Zürich am 31. Mai 1997 für den Bau der gigantischen Anlage. Auf einer

INFO

Anreise: Zürich ist der wohl wichtigste Verkehrsknoten der Schweiz. Sternförmig treffen die Züge aus allen Landesteilen in der größten Stadt der Schweiz ein. **Fahrplanfeld:** 900. **Streckenlänge:** 117 km pro Weg. **Fahrzeit:** 1 h 15 min bis Chur. **Reservierungen:** fakultativ. **Verkehrszeiten:** das ganze Jahr. **Besonderes:** Es verkehren zahlreiche EuroCity, einerseits zwischen Deutschland und Chur, andererseits von Zürich über Sargans nach Österreich. TGV an Samstagen im Winter. **Spurweite:** 1.435 mm.

Triebfahrzeuge: Auf den Strecken des 900er-Kursbuchfeldes können neben den Re 460 auch noch viele Re 4/4 II entdeckt werden. Bis Pfäffikon SZ pendeln die S-Bahn-Doppelstöcker. Die EC nach Österreich fahren als Rail-Jet-Garnituren.

Info: Rail-Service 0900 300 300, (Fr. 1.19/Min.), www.sbb.ch

Nutzfläche von mehr als 200.000 m^2 ist ein Dienstleistungszentrum mit 5.000 Arbeitsplätzen geplant.

Zürich wird in Fahrtrichtung Chur über die Tunnels zwischen Wiedikon und Enge verlassen. Bei Wollishofen erreichen wir den See. Die Fahrt geht wei-

Bündner Route

ter über Kilchberg und Rüschlikon nach Thalwil, wo die Strecken von Zug und vom Gotthard einmünden. Das Zürichseeufer ist dicht besiedelt. Seit 2003 fahren die Fernzüge bis hier allerdings meist durch den neuen, 10 km langen Zimmerbergtunnel, nur die S-Bahn bietet weiterhin den Blick auf den See. Wer es sich leisten kann, hat sich hier eine Wohnung gekauft oder ein Haus gebaut. Einzige Oase der Natur bleibt Au. Die Halbinsel mit einem kleinen See steht unter Naturschutz und konnte so vor Überbauung bewahrt werden. In Wädenswil zweigen die Züge der Schweizerischen Südostbahn (SOB) nach Samstagern und Einsiedeln ab. Wir fahren weiter den See entlang und bemerken, dass sich die Zersiedlung der Landschaft etwas gelockert hat. Freienbach, ein kleiner Bahnhof an dem die IC- und EC-Züge ohne Halt vorbeifahren, gehört der steuergünstigsten Gemeinde der Schweiz. Hier wohnen über 60 Millionäre! Ein kleiner Bahnknoten ist Pfäffikon im Kanton Schwyz, links fährt man über den Seedamm nach Rapperswil, rechts auf einem weiteren Streckenabschnitt der SOB nach Samstagern, Einsiedeln und Arth-Goldau. Links sollte man auf der Fahrt nach Graubünden sitzen, denn hier hat man die beste Aussicht auf die Seen. Der Seedamm mit seinen Schilfbeständen trennt den Zürichsee vom Obersee. Dieser besticht durch seine natürliche Schönheit, seine Ufer sind noch weitgehend naturbelassen. Zwi-

Mai 1989: Re 4/4 II mit Schnellzug auf der Einspurstrecke bei Maienfels. Foto: Ronald Gohl

Bündner Route

schen Obersee und Walensee fährt der Zug durch eine breite Ebene. Sie war bis zur Fertigstellung des Linthkanals im Jahre 1816 regelmäßig überschwemmt und versumpft. Deshalb liegen auch alle Dörfer am Rand der Hügel und Berge. Bei Siebnen könnte man die Reise unterbrechen und mit dem Postauto ins Wäggital fahren – eine wenig bekannte Ausflugsregion am Fuß des Großen Aubrig. Nächster Halt ist für den IR oder den EC aus Deutschland Ziegelbrücke, wo bereits der Anschlusszug nach Glarus und weiter nach Linthal wartet. Die IC und übrigen EC fahren hier ohne Halt durch. Wir lassen uns nicht beeindrucken und bleiben sitzen. Schließlich erwartet uns jetzt der schönste Teil der Reise, nämlich die Fahrt entlang dem Walensee. Doch vorerst gehts durch einen langen Tunnel, der sich von Weesen bis Mühlehorn erstreckt. Die Eisenbahnlinie zwischen Ziegelbrücke und Chur wurde 1859 eröffnet und 1934 elektrifiziert.

RhB Re 4/4 II unter dem Glasdach des Bahnhofs Chur.

Am Ufer des Zürichsees fährt auch die S-Bahn. Foto: Dietmar Beckmann

Bündner Route

Foto: Ronald Gohl

Der Ausbau auf Doppelspur erfolgte in den Jahren 1923–28. Bis heute ist jedoch das kurze Teilstück Mühlehorn–Tiefenwinkel nur einspurig befahrbar. Auf der gegenüberliegenden Seite des Sees zählen wir die sieben Churfirsten. Von dieser Seite aus wirken ihre Gipfel stumpf, stünden wir auf der Toggenburger Seite würden wir ihre gezackten Häupter bewundern. Der zweitletzte Churfirstengipfel kann übrigens mit der Seilbahn von Unterwasser im Toggenburg aus problemlos »bezwungen« werden. Doch auch von Unterterzen am Walensee führt eine Seilbahn in luftige Höhen. Mit ihr gelangt man zur Tannenbodenalp im Feriengebiet der Flumser Berge. Gegen Ende des Sees wird nochmals ein Tunnel durchquert, dann braust der Zug durch den Bahnhof von Walenstadt. Nächster Halt ist erst Sargans, etwa 13 km taleinwärts. Schon von weitem erkennt man das Schloss, das auf einem Felsen über dem Ort thront. Die Berge rund um Sargans sind auf vielen Kilometern untertunnelt. Einserseits gibt es hier das öffentlich zugängliche Eisenbergwerk Gonzen – mit einem kleinen Bergbaubähnchen fährt man in die Stollen –, andererseits befinden sich um Sargans auch viele militärische Tunnels, die zu einer unterirdischen Festungsanlage führen, selbstverständlich nicht öffentlich zugänglich und streng militärisch geheim. Bei Sargans zweigen die österreichischen EuroCity-Züge nach Buchs und Feldkirch ab. Wir biegen flussaufwärts ins Rheintal ein und fahren nach Bad Ragaz – einem klassischen Bäderkurort mit Thermalquelle. Doch wir wollen weiter in die »Ferienecke« der Schweiz, wie der Kanton Graubünden von den Tourismuswerbern auch genannt wird. In Landquart überqueren wir die Kantonsgrenze. Natürlich leistet sich Graubünden seine eigene Bahn. Das größte Depot und die Werkstätte befinden sich in Landquart, gleich gegenüber dem Bahnhof. Die roten Schmalspurzüge der Rhätischen Bahn (RhB) sind nicht zu übersehen und haben ihre Fans auf der ganzen Welt. Zizers wird nur von den Zügen der Rhätischen Bahn bedient, die parallel zur Trasse der SBB nach Chur fahren. Chur ist Endstation, das Normalspurgleis führt zwar noch weiter – teilweise als Dreischienengleis – bis Domat/Ems; doch nur für Güterzüge zu Blochers Ems-Werken.

Rhônetalroute

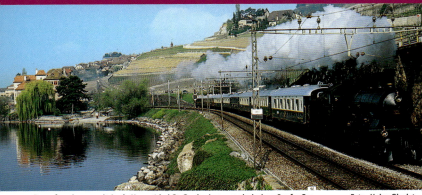

Dampfsonderzug mit A 3/5 Nr. 706 bei St. Saphorin am malerischen Genfer See. Foto: Heinz Sigrist

Gegen den Strom

Rhônetal: Lausanne–Brig

Ausgangspunkt einer Reise das Rhonetal aufwärts ist Lausanne im Kanton Waadt. Hier können verschiedene Züge benutzt werden, darunter auch während der Saison ein TGV sowie das ganze Jahr der "New Pendolino" (ETR 610) als EC.

Zunächst fahren wir auf sehenswerter Trasse am Ufer des Genfer Sees entlang nach Osten. Cully, Epesses und St.-Saphorin heißen die reizenden Winzerdörfer. Das Rebgebiet Lavaux bürgt für einen guten Wein. Man sollte sich beim Einsteigen einen Fensterplatz auf der rechten Seite des Zuges sichern, denn der Blick reicht über das Wasser und die Savoyer Alpen bis zum Montblanc. Vevey liegt an der so genannten Waadtländer Riviera, die sich bis Montreux hinaufzieht. Hier lässt es sich unter Palmen für schweizerische Verhältnisse gut leben. In Montreux könnte man in die Panoramazüge des GoldenPass-Services einsteigen oder mit der Zahnradbahn auf die Rochers-de-Naye ins Murmeltierparadies fahren. Wir entscheiden uns für die Weiterfahrt und erblicken schon bald das malerische Schloss Chillon. Es wurde in den See hineingebaut und geht auf Kalenderblättern und Schokoladenpapierchen rund um die Welt. Die Anlagen des Schlosses können besichtigt werden. Bei Villeneuve mündet die Rhône in den Genfer See. Das gesamte

---

INFO

Anreise: Lausanne wird von Zürich und Bern aus mit dem InterCity erreicht, von Basel besteht ebenfalls eine direkte IC-Verbindung nach Lausanne. **Fahrplanfeld:** 100. **Streckenlänge:** 146 km pro Weg. Fahrzeit: 1 h 51 min bis Brig. **Reservierungen:** fakultativ. **Verkehrszeiten:** das ganze Jahr. **Besonderes:** Es verkehren auch internationale Züge von Paris und nach Italien. **Spurweite:** 1.435 mm.

Triebfahrzeuge: Re 4/4 II, Re 460, ETR 610 als EC sowie an Wochenenden in der Saison T6V bis Aigle und Brig.

Info: Rail-Service 0900 300 300, (Fr. 1.19/Min.), www.sbb.ch

Rhonetalroute

Rhônedelta steht unter Naturschutz. Villeneuve ist auch Sitz der früheren Eisenbahn-Fahrzeugwerke Vevey Technologies, die jetzt zur kanadischen Bombardier-Gruppe gehören. Nun sind wir im Rhônetal, nächster Halt ist Aigle, von wo aus gleich drei Schmalspurbahnen in die Bergwelt links und rechts des Talbodens abzweigen. Weiter geht's gegen den Strom, auf der Höhe von St. Maurice rücken die Talflanken immer enger zusammen. Cisalpino und TGV halten hier nicht, die SBB-Interregio hingegen schon. Bei Martigny weitet sich das Tal wieder und der Flusslauf der Rhône zweigt scharf nach Nordosten ab. Von Martigny fährt die Schmalspurbahn über Châtelard in die französischen Ferienorte Chamonix und St-Gervais am Fuße des Montblanc. Der Zug hält nur kurz, dann geht's schon weiter die Rhône aufwärts. Zunächst ziemlich eben auf der »Rennstrecke«, wo immer wieder Geschwindigkeitsrekorde und Testfahrten stattfinden. Hier wurde auch die Lok 2000 auf 230 km/h beschleunigt. Große Obstplantagen breiten sich neben der Trasse aus und an den Sonnenhängen reifen die Trauben für einen guten Tropfen Walliser Wein. In Sion hält auch der TGV. Hoch über der Stadt thronen zwei Burgen und aus den Seitentälern blitzen die Schneegipfel. Auch die Sprachgrenze befindet sich hier. In Leuk, an dem wir vorbeibrausen, wird bereits wieder Deutsch gesprochen. Bis Brig ist es von hier aus nicht mehr weit. Am linken Talhang entdecken wir 450 m über dem Talboden die Trasse der BLS Lötschbergbahn, die ebenfalls nach Brig führt. Kurz vor Visp können wir auf der linken Seite das Südprotal des Lötschberg-Basistunnels entdecken, auf der rechten Seite die Schmalspurbahn aus Zermatt. Auf paralleler Trasse geht es auf ebener Strecke bis zum Zielort Brig.

InterCity mit Re 460 074 am Genfer See; im Hintergrund das Schloss Chillon. Foto: Adtranz (Smlg. Lan)

Oberlandroute

Der Fernverkehr auf der Oberlandroute besorgt die SBB, hier eine Re 460 mit IC bei Kumm am Thunersee.
Foto: Dietmar Beckmann

Eiger, Mönch und Jungfrau

Ins Berner Oberland: Basel–Interlaken

Die Strecke Basel–Olten wurde bereits auf den Seiten 48–51 (Gotthardroute) beschrieben. Deshalb wenden wir uns an dieser Stelle gleich der Paradestrecke Olten–Bern zu, welche durchs Mittelland und durch die nördlichen Ausläufer des Emmentals führt. Die 67 km lange Strecke wurde im Jahre 1858 eröffnet und 1925 elektrifiziert. Der Doppelspurausbau erfolgte in mehreren Etappen zwischen 1858–96. 1981 wurde die Abkürzungsstrecke Olten–Rothrist in Betrieb genommen. Roggwil-Wynau, Langenthal und Herzogenbuchsee sind typische Dörfer im schweizer Mittelland. Entlang der Bahnlinie haben sich Industriebetriebe niedergelassen. Bei Wynigen fahren die Züge durch ein stilles Waldtal mit stattlichen Emmentaler Bauernhöfen, und kurz vor Burgdorf wird der Düttisberg mittels eines Tunnels durchquert. Nach der Ausfahrt führt eine kleine Brücke über die Emme und auf dem Hügel über dem Städtchen entdecken wir das stolze Schloss Burgdorf. Die Bahnstrecke Zürich–Olten–Bern zählte zu den

INFO

Anreise: Basel wird von ICE und IC von Zürich und Deutschland aus erreicht. **Fahrplanfelder:** 500, 450, 290 und 310. **Streckenlänge:** 178 km pro Weg. Fahrzeit: 1 h 53 min bis Interlaken Ost. **Reservierungen:** fakultativ. **Verkehrszeiten:** das ganze Jahr. Besonderes: zwischen Spiez und Interlaken: eingleisige Strecke mit engen Kurven, teilweise direkt am Seeufer. **Spurweite:** 1.435 mm.

Triebfahrzeuge: Re 460 (Lok 2000) mit verpendelten InterCity und Dosto 2000. Zahlreiche ICE, auch im Inlandverkehr. Zwischen Bern und Interlaken trifft man aber auch häufig auf die braunen Re 4/4 der BLS.

Info: BLS 033 827 27 27, www.bls.ch

Oberlandroute

wichtigsten Städteverbindungen in der Schweiz und wurde von entsprechend vielen Zügen befahren, was häufig zu einer Überlastung führte. Durch die Inbetriebnahme der parallelen, 46 km langen Neubaustrecke Mattstetten–Rothrist hat sich die Situation deutlich entspannt. Tagsüber laufen über die alte Strecke alle Güterzüge und Interregio im Halbstundentakt, alle Fernreisezüge (sechs pro Stunde) fahren mit 200 km/h über die Neubaustrecke. Nachts werden auch die Güterzüge über die Neubaustrecke geleitet, so dass im Önztal wieder ungestörte Nachtruhe herrscht. Die Hauptstadt Bern erreichen wir über die zweitlängste Brücke der SBB. Das 1941 erbaute Aareviadukt misst über einen Kilometer.

In Bern wird die Richtung gewechselt. Wir fahren nach einem mehrere Minuten dauernden Aufenthalt aus dem Bahnhof – wieder über die lange Aarebrücke – und zweigen bei Wylerfeld gegen Süden ab. Das Aaretal war beliebte »Rennstrecke« für schnelle InterCity und EuroCity. Die Strecke Bern–Münsingen–Thun zählt zu den historisch wichtigsten Bahnlinien der Schweiz: Fuhr doch 1919 hier der erste SBB-Zug fahrplanmäßig mit Strom. Die lange Gerade zwischen Münsingen und Uttigen wird machmal auch von Versuchszügen benutzt. In Thun befindet sich die Schifflände gleich gegenüber dem Bahnhof. Den ersten Blick auf den Thunersee erhaschen wir jedoch erst auf der Höhe von Gwatt. Dieser ist an schönen Tagen umso überwältigender, denn am Horizont zeichnen sich nicht nur die vergletscherten Viertausender, sondern auch das weltberühmte Dreigestirn Eiger, Mönch und Jungfrau ab. Jetzt sind links die besten Plätze, denn der Zug fährt immer in Sichtweite des Thuner Sees gegen Süden. In Spiez verzweigen sich die Gleise. Nach rechts führt die Lötschberglinie über Frutigen und Kandersteg oder alternativ seit 2007 durch den Lötschberg-Basistunnel nach Brig. Gegen Westen fährt die Regionalbahn durchs Simmental nach Zweisimmen. Wir set-

Praktisch am Ziel: Kurz vor dem Bahnhof Interlaken Ost fährt der Zug dicht am Aareufer.
Foto: Jakraphan Intha

zen unsere Fahrt weiter nach Südosten fort und erreichen bei Faulensee wieder das Seeufer. Die einspurige Strecke schlängelt sich den Thuner See entlang bis Interlaken West. Nächster und letzter Halt ist Interlaken Ost, die Züge rattern beinahe mitten durch die Einkaufsstraßen im Touristenort Interlaken.

Oberlandroute

Noch im Mittelland: Re 460 018-5 zwischen Herzogenbuchsee und Langenthal.
Foto: Heinz Sigrist

99 Bahnziele in der Schweiz

Übersichtskarte Reiseziele

Übersichtskarte Reiseziele

Panoramazüge: Glacier-Express

Der Glacier-Express B, fotografiert bei Celerina, führt nur Wagen 1. Klasse.
Fotos: Ralph Bernet (rechts), Roger Haueter (links)

Matterhorn und Champagnerluft

Im langsamsten Schnellzug von Zermatt nach St. Moritz

Nirgendwo in den Bergen der Welt ist eine Bahnfahrt wohl eindrücklicher und abwechslungsreicher als zwischen Zermatt und St. Moritz. Der kleine rote Zug mit seinen mondänen Panoramawagen windet sich durch enge Schluchten, kraxelt mithilfe von Zahnstange und Zahnrad eine steile Trasse hinauf, befährt einsame Hochebenen und im nächsten Augenblick wieder urige Bergdörfer, wo das Heu noch wie vor Jahrhunderten von den Bauern eingebracht wird. Zermatt am Fuße des 4.477 m hohen Matterhorns heißt der Ausgangspunkt der achtstündigen Fahrt – das Ziel ist nicht minder berühmt: St. Moritz, Weltkurort im Oberengadin. Zügig und kraftvoll sind die vorgespannten Lokomotiven. Zwei Bahngesellschaften betreiben diesen Zug. Bis Disentis ist die MGB Matterhorn–Gornergrat-Bahn (ehemals BVZ und FO) mit ihren HGe 4/4II zuständig. Von dort bis ins Engadin übernehmen Ge 4/4II oder Ge4/4III die Beförderung. Im Winter fährt nur ein Zugpaar als Glacier-Express die Gesamtstrecke, im Sommer sind es vier, wobei eine, von ihnen nicht in St. Moritz sondern Davos ankommt. Alle Glacier-Express führen inzwischen Panoramawagen 1. und 2. Klasse sowie einen Speisewagen über die Gesamtstrecke. Alle Glacier-Express verlassen Zermatt innerhalb kurzer Zeit zwischen 9.00 Uhr und 10.00 Uhr. Aus der Gegenrichtung treffen sie zwischen 16.52 Uhr und 18.31 Uhr dort ein.

Panoramazüge: Glacier-Express

Während seiner achtstündigen Reise legt der Schnellzug eine Distanz von 323 km zurück, im Stundenmittel fährt man also rund 40 km – womit der Glacier-Express zum langsamsten Schnellzug der Welt wird. Das stört niemanden, denn hinter den großen Panoramafenstern zieht ein starkes Stück Natur vorbei. Nirgendwo in Europa geht die Vegetation höher hinauf, nirgends lecken Gletscherzungen so grüne Täler. 291 Viadukte, 91 Tunnels und der 2.033 m hohe Oberalppass liegen am Weg. Mehrmals werden die Lokomotiven gewechselt, es sind kraftvolle Schmalspurmaschinen, die für das längste Schmalspurnetz Europas gebaut wurden. Sie können Züge mit über zehn vierachsigen Personenwagen ziehen – etwas weniger sind es auf den steilen Zahnstangenabschnitten. Zwischen Brig und Andermatt befährt die Furka–Oberalp-Bahn Gleise mit bis zu 179‰ Neigung. Auf ein Blatt Papier aufgetragen, erscheint dies gar nicht so gewaltig, sitzt man aber im Speisewagen, so muss man Teller und Gläser festhalten, damit sie nicht vom Tisch fallen. Die Fahrt im Superzug erhält man nicht zum Sparpreis, denn die Reservierungsgebühr inkl. Zuschlag beträgt im Sommer stolze 33,– SFr., im Winter 10.– SFr. Wer auf das Reisebudget achten muss, steigt vielleicht besser in die meist stündlich verkehrenden Regionalzüge oder Regioexpress. Dort fehlen zwar meist Speise- und Panoramawagen, man muss häufig umsteigen, aber dafür kann man die Fenster herunterlassen und gratis den Duft der Bergwelt genießen.

Endlich in St. Moritz angekommen, erfreut man sich auf 1.800 m ü. M. an der prickelnden Champagnerluft – ein Gemisch aus Reizklima und dem Duft der großen, reichen Welt...

Zwischenhalt in Celerina – der »Glacier-Express B« wartet eine Kreuzung ab. Foto: Roger Haueter

Panoramazüge: GoldenPass

Der »Crystal Panoramic« wurde inzwischen zum »GoldenPass-Panoramic« umgebaut.   Foto: Roger Haueter

Schienenzauber in der Westschweiz

Montreux–Zweisimmen mit dem Panoramazug

»Quelle merveilleuse machine sur rail«, sagt der französisch sprechende Reisende, wenn er in Montreux in den eleganten GoldenPass-Panoramic steigt. Das heißt so viel wie »welch ein Superzug«. Er übertreibt nicht, denn die beiden meterspurigen Panoramazüge gleichen mit ihrer aerodynamisch geformten »Schnauze« eher einem Hochgeschwindigkeitszug als einem genussvollen Bummler. Ähnlich wie beim Glacier-Express steht hier nicht die Reisegeschwindigkeit sondern das Reiseerlebnis im Vordergrund. Es zählt also nicht, wie schnell man von A nach B kommt und wie viel Zeit man dabei spart. Die vielen Kurven, Viadukte und Tunnels zwischen Montreux am Genfer See lassen auch keine großen Geschwindigkeiten zu, so zockelt der GoldenPass gemütlich von den Rebbergen am Genfer See zu den Kühen im grünen Hochland von Gstaad.

Die begehrtesten Plätze sind ganz vorn, wo normalerweise der Lokführer sitzt. Diesen sucht man auf den ersten

INFO

Anreise: Montreux wird via Bern und Lausanne erreicht, von Brig besteht durchs Rhônetal eine IR-Verbindung. **Fahrplanfeld:** 120. **Streckenlänge:** 88 km pro Weg. Fahrzeit: 1 h 47 min pro Weg. **Reservierungen:** für Gruppen und die »Grande-Vue-Plätze obligatorisch. **Verkehrszeiten:** täglich. **Besonderes:** klimatisierte Wagen und »Grand vue«-Abteile in Lokführrerposition (nur 1. Klasse), seit Juni 2000 auch Sitzplätze 2. Klasse. **Spurweite:** 1000 mm.

Triebfahrzeuge: Die Lokomotive Ge 4/4 des »GoldenPass-Panoramic« befindet sich in der Zugmitte. Sie kann ihre Höchstgeschwindigkeit von 120 km/h auf der kurvenreichen Strecke jedoch nicht ausfahren.

Info: GoldenPass Services 021 989 81 81, www.mob.ch

Panoramazüge: GoldenPass

Blick im ganzen Zug vergeblich. Erst beim genauen Hinsehen erkennt man, dass er über den Reisenden in einer Art Aussichtsloge thront und von dort aus den Zug sicher über die einspurige Strecke steuert. Keine Sorge, die Linie der Montreux–Oberland Bernois (MOB) ist schweizerisch perfekt mit Streckenblöcken abgesichert. Zudem kennt der Lokführer jede Kreuzung auswendig; der Verkehr ist nicht so dicht und stressig wie bei den Bundesbahnen. Der Reisende kann sich also genüsslich zurücklehnen. Wer ganz vorn auf den aussichtsreichen Sesseln keinen Platz gefunden hat, versucht es vielleicht im Steuerwagen am Schluss des Zuges (mit Blick auf die zurückliegende Strecke). Aber auch die übrigen Wagen sind gediegen und mit riesigen Panoramafenstern eingerichtet. Ein beliebter Treffpunkt ist auch der Salon-Barwagen mit Sitzlandschaften. Die Lokomotive befindet sich in der Zugmitte, was eher ungewöhnlich ist. Es handelt sich dabei um eine Maschine des Typs Ge 4/4. Der GoldenPass ist übrigens die vierte Generation Panoramazüge bei der MOB. Angefangen hat alles 1979 mit den ersten Panoramawagen. Die Westschweizer Privatbahn entdeckte das Reiseerlebnis Bahn und mit ihr in den nächsten Jahren viele tausend begeisterte Passagiere. Der »Panoramic-Express« kam so gut an, dass die MOB praktisch eine Verdoppelung des Erste-Klasse-Reiseaufkommens verzeichnen konnte. Es folgten zwei weitere Panorama-Produkte: 1985 der »Superpanoramic-Express« mit dem ersten Abteil in Lokführerposition und 1993 der »Crystal Panoramic-Express«. Aus diesen beiden Zügen bildete die MOB schließlich den »GoldenPass-Panoramic«. Wer lieber gediegen mit dem Flair der Belle époque reist, kann statt dem Golden-Pass Panoramic auch den GoldenPass Classic nehmen, mit klimatisierten Luxuswagen im Stil des Orient-Express. Weiter bergauf wird es gehen, wenn durchgehende Panoramazüge Montreaux–Interlaken verkehren. Das vorgesehene Dreischienengleisauf dem heutigen Normalspurabschnitt ist zwar vom Tisch, aber nun plant man den Einsatz von Panoramawagen mit Spurwechseldrehgestell.

Sitzlandschaft im Steuerwagen: Wer möchte bei diesem Komfort nicht gerne 1. Klasse fahren?
Foto: Ronald Gohl

Panoramazüge: Montblanc

Achtachsige Panorama-Gelenktriebwagen verbinden Martigny und St-Gervais. *Foto: Vally Gohl*

An den Fuß des höchsten Berges

Internationale Schmalspur-Bahnlinie Martigny–St-Gervais

Weniger bekannt als die großen Panoramarouten des Bernina, Glacier oder GoldenPass ist die Bahnverbindung zwischen dem Wallis und dem Departement Haute Savoie (Frankreich). Doch auch sie wird seit 1996 mit einem internationalen Panoramazug, dem Montblanc-Express, bedient. Auf dieser Strecke zu fahren, ist ein großes Erlebnis, denn der Zug rollt vom 467 m ü. M. gelegenen Bahnhof Martigny im Rhônetal bis an den Fuß des höchsten Berges Europas, den 4.807 m hohen Montblanc. Dazwischen liegen 55 eindrucksvolle Bahnkilometer. Abwechslungsreicher könnte eine Zugfahrt nicht sein; so gibt es ziemlich flache Strecken, auf denen die Fahrzeuge bis zu 100 km/h schnell sind, aber auch steile Zahnstangenabschnitte mit Steigungen von bis zu 200‰. Die Stromzuführung ist ziemlich kurios. Zunächst sieht alles ganz normal aus – Pantograf mit Oberleitung wie bei jedem Zug.

INFO

Anreise: Martigny erreicht man mit EC und IR via Bern–Lausanne (umsteigen), von Brig besteht durchs Rhônetal ebenfalls eine IR-Verbindung. **Fahrplanfeld:** 132 (CH) und 5120 (F). **Streckenlänge:** 55 km pro Weg. **Fahrzeit:** 2 h 40 min bis St.-Gervais. **Reservierungen:** nicht möglich. Verkehrszeiten: das ganze Jahr. **Besonderes:** die Fenster können geöffnet werden, was speziell Fotografen schätzen. **Spurweite:** 1.000 mm.

Triebfahrzeuge: Die zwei Schweizer Gelenktriebwagen sind vom Typ BDeh 4/8, von der SNCF werden die Fahrzeuge als selbstfahrende Einheiten Z 800 bezeichnet. Die Fahrzeuge haben automatische Kupplungen.

Info: TMR 027 723 33 30, www.tmrsa.ch

Panoramazüge: Montblanc

Doch auf der Bergstrecke zwischen Vernayaz und Salvan wird der Pantograf gesenkt und der Zug entnimmt die benötigte Energie einer seitlich vom Gleis montierten Stromschiene. Zwischen Salvan und Le Trétien wird dann wieder mit Oberleitung gefahren und hinterher wechselt die Energiezufuhr abermals auf Stromschiene. Die Spannung wird übrigens von einer bügeleisenförmigen, auf der Höhe der Drehgestelle angebrachten Vorrichtung abgenommen. 850 Volt fließen durch diese Leitungen: Kein Zweifel, dass die Stromschienen nicht ganz ungefährlich sind. Jedenfalls warnen überall entsprechende Schilder vor Berührung. Die Stationen sind mit ungewöhnlich hohen Bahnsteigen (500 mm ab Schienenoberkante) ausgerüstet. Grenzbahnhof ist Vallorcine, wo die Zoll- und Passkontrollen stattfinden. Bis Vallorcine wird die Strecke von der Walliser Privatbahn TMR betrieben, anschließend übernimmt die französische Staatsbahn SNCF die Regie. SNCF und TMR arbeiten eng zusammen, sie haben gemeinsam die neuen Panorama-Triebwagen bestellt, welche hauptsächlich dem touristischen Verkehr zwischen den beiden Länder dienen. Kurios sind auch die Finanzierungsmodalitäten: zwei Gelenktriebwagen bezahlte die Eidgenossenschaft und der Kanton Wallis, zwei weitere wurden von der SNCF übernommen und den fünfte Montblanc-Express bezahlte die französische Region »Rhône Alpes«.

Eine weitere Spezialität ist auf französischer Seite der Montets-Tunnel – im Winter teilen sich Bahn und Straße das Bauwerk. Auf der anderen Seite des Tunnels erreicht man schon bald Argentière, es folgt der erste Blick zum Montblanc und schon rollt der Zug ziemlich eben durch Lärchenwälder der französischen Ferienstadt Chamonix entgegen. In St.-Gervais, der Endstation, kann man in die Zahnradbahn zur 2.386 m hohen Nid'-Aigle umsteigen – sie bringt die Touristen noch ein Stückchen näher zum Montblanc auf unmittelbare Tuchfühlung.

Das Val de Chamonix – eine einzigartige Ferien- und Wanderregion. Foto: Ronald Gohl

Panoramazüge: Brünig

Winterzauber mit HGe 101 963 und zwei Panoramawagen am Brünig. Foto: Foto-Service SBB

Das Berner Oberland bis unters Dach

Von Luzern nach Interlaken mit dem GoldenPass-Panoramic

Panoramawagen sind »in« und damit lassen sich gute Geschäfte machen. Reisen wird zum Erlebnis und vor allem touristisch attraktive Strecken bieten sich als Panoramabahn geradezu an. Dies hatte auch die SBB AG unlängst erkannt und für ihre defizitäre Brüniglinie zwei Panoramawagen (A 102 und 103) mit extra hohen und runden Fenstern angeschafft. Damit erlebt man die Berner Oberländer Berge bis unters Dach – zum Greifen nah. Auf der Fahrt von Interlaken nach Luzern gibt es jedoch nicht nur Fels und Eis zu bewundern, die Bahn schlängelt sich während ihrer knapp zweistündigen Reise an fünf malerischen Seen entlang. Sie heißen Brienzer See, Lungerer See, Sarner See, Wichel See und Alpnacher See (Teil des vielarmigen Vierwaldstätter Sees). Bei so viel Landschaft pur ist es eigentlich verwunderlich, dass die Bahnlinie nicht schon viel früher mit komfortablen Panoramawagen ausge-

INFO

Anreise: Interlaken Ost wird von ICE und IC via Bern und Thun erreicht. **Fahrplanfeld:** 470. **Streckenlänge:** 74 km pro Weg. Fahrzeit: 1 h 47 min pro Weg. **Reservierungen:** möglich. **Verkehrszeiten:** das ganze Jahr. **Besonderes:** zwei Züge mit je einem Panoramawagen und Rollstuhllift. Nahverkehrstriebwagen mit Panoramawagen. **Spurweite:** 1.000 mm.

Triebfahrzeuge: Schnellzüge wie der »GoldenPass-Panoramic« werden von den Lokomotiven der Baureihe HGe 101 961–968 über den Pass gezogen. Zwischen Meiringen und Interlaken sind noch häufig die Gepäcktriebwagen der Serie Deh 120 (Baujahr 1942) vorgespannt.

Info: Bahnhof Interlaken Ost 0900 300 300 (Fr. 1.19/Min.), www.bruenig.ch oder www.bruenig-rail.ch

Panoramazüge: Brünig

stattet wurde. Inzwischen gehört die Strecke zur ZB Zentralbahn, die SBB hat ihre einzige Schmalspurbahn (1.000 mm Spurweite) abgegeben. Neu sind auch Triebwagen mit einem Panorama-Mittelwagen, die als S-Bahn S5 zwischen Luzern und Giswil und als Regionalzug Meirigen–Interlaken verkehren. Der dazwischen liegende Bergabschnitt über dem Brünigpass wird aber stündlich mit Interregio-Zügen bedient, die mit den Zahnradloks der Baureihe HGe 4/4 bespannt werden. Es ist schon ein grandioses Schauspiel, wenn ein langer Interregio über die mit Zahnstangen versehenen Steilrampen (bis zu 120‰) am Brünigpass rollt. Ein naturnahes Wechselspiel von schroffen Felsen, steilen Höhen und saftigen Bergwiesen. Die komfortablen Panoramawagen (nur 1. Klasse) bieten eine faszinierende Rundsicht. Daneben gibt es kulinarische Schweizer Spezialitäten im Speisewagen und geselliges Beisammensein im Rundsofa des Clubwagens 2. Klasse. Die drei Bahngesellschaften MOB, SBB und BLS haben bereits vor der Verlegung der dritten Schiene mit ihren GoldenPass-Panoramic-Zügen ein neues Qualitätsprodukt geschaffen.

Bleibt nur zu hoffen, dass das Konzept mit den goldenen Panoramazügen möglichst viele Reisende nutzen und der entsprechende Erfolg einsetzt.

Der Charakter der Schweiz als Tourismusland konnte sich nicht zuletzt auch dank des ausgedehnten Netzes an Schmalspurbahnen behaupten, die bis in den hintersten Winkel unseres Landes vordringen und dieses für den Tourismus attraktiv machen. 13 Tunnels mit einer Gesamtlänge von 3.509 m zählt man zwischen Interlaken Ost und Luzern. Viadukte gibt es weit mehr, nämlich 122 Stück. Der längste misst 168 m. Von dem ersten Dampf-Zahnradzug im Jahre 1887 bis zur Inbetriebnahme der zwei Panoramawagen im Jahre 1994 war es ein weiter Weg.

Bei Oberried am Brienzer See fährt der „GoldenPass"-Interregio in Richtung Interlaken Ost
Foto: Dietmar Beckmann

Superzüge: "New Pendolino"

Der neue CIS-ETR 610 hat Neigetechnik, größere Fenster und eine schnittige Kopfform. Auf dem Foto ist er noch nicht fertig lackiert.   *Foto: Dietmar Beckmann*

Der neue Kurvenflitzer aus Italien

CIS ETR 470 wird ersetzt durch den neuen ETR 610

Wer per Bahn aus der Schweiz nach Mailand oder weiter in den Süden reisen möchte, nimmt heute fast immer den nimmt man immer den Pendolino, einen der beiden ehemals als „CIS" verkehrenden Neigezüge der Serien ETR 470 oder ETR 610. Nach dem Rückzug der Cisalpino AG aus dem operativen Geschäft Ende 2009 gingen die Fahrzeuge etwa hälftig an die SBB (4 ETR 470 und 7 ETR 610), die übrigen (5 ETR 470 und 7 ETR 610) an Trenitalia. Gemeinsam bewältigen Sie heute eingestuft als EuroCity den gesamten Verkehr aus der Schweiz nach Italien. Da die neuen ETR 610 („New Pendolino") aufgrund ihres zu hohen Gewichtes am Gotthard nicht bogenschnell fahren dürfen, laufen ab Zürich meist noch die ungeliebten und stark schaukelnden ETR 470 mit ihren kleinen Fenstern, in denen kleine Plastiktüten für empfindliche Passagiere bereit liegen. Von Basel durch den Lötschberg-Tunnel und von Genf über die Simplonlinie verkehren bereits heute nur noch die modernen und komfortableren ETR 610.

INFO

Anreise: In der Schweiz starten die Pendolino in Basel, Zürich und Genf **Fahrplanfeld:** 300. **Streckenlänge:** 285 km pro Weg. **Fahrzeit:** 2 h 44 min bis Domodossola. **Reservierungen:** fakultativ (schweizer Teilstrecke). **Verkehrszeiten:** das ganze Jahr. **Besonderes:** Triebwagen mit Neigetechnik. **Spurweite:** 1.435 mm.

Triebfahrzeuge: ETR 610, am Gotthard noch ETR 470.

Info: Cisalpino AG 031 329 09 09, www.cisalpino.ch

Superzüge: TGV-PSE

Ein TGV-PSE bei La Sarraz auf dem Weg von Lausanne nach Paris. Foto: Dietmar Beckmann

Im schnellsten Zug der SBB

TGV-Verbindungen in die halbe Schweiz

Zu den internationalen Superzügen, die bis in die Schweiz verkehren, gehört auch der französische TGV (train à grande vitesse). Während die sieben Zugpaare von Paris nach Genf, die aus den konventionellen TGV PSE oder doppelstöckige TGV Duplex gebildet werden, nur einen kurzen Abschnitt auf schweizer Boden zurücklegen, fahren andere TGV weit in die Schweiz hinein. Hierzu gehören die neun TGV Sud-Est (Lyria-PSE) mit Dreisystem-Ausrüstung, die viermal täglich über Vallorbe nach Lausanne und einmal täglich über Pontarlier nach Bern eingesetzt werden. Sieben von ihnen gehören der SNCF und zwei aufgrund der Beteiligung an Lyria den SBB (TGV 112 und 114). In den Jahren 2005 und 2006 wurden alle neun Lyria-PSE analog zu den konventionellen Zweisystem-PSE modernisiert. Seit dem Sommer 2007 verkehren darüber hinaus die neuen TGV POS (Paris-Ostfrankreich-Süddeutschland) 5x täglich von Paris über Strassburg und Basel nach Zürich, die in der Schweiz in der Regel den Weg über Olten teilweise aber auch über die landschaftlich schöne Bötzbergstrecke (über Frick) nehmen. Auch von diesen 320 km/h-schnellen Triebwagen gehört eine Garnitur den SBB (TGV 4406), d.h. der schnellste Zug der Schweiz kommt aus Frankreich. Zu bestimmten Zeiten fahren die TGV in der Schweiz über ihre Endpunkte hinaus. Sowohl in der Sommer- als auch in der Wintersaison fahren am Wochenende TGV über Lausanne hinaus ins Rhônetal, sonntags bis Aigle, Freitags und samstags sogar bis nach Brig.

INFO

Anreise: Zürich ist internationale Bahn- und Flug-Drehscheibe. **Fahrzeit:** Zürich–Paris: 4 h 32; Bern–Paris: 4.40; Lausanne–Paris: 4 h 00; Genf–Paris: 3 h 32. **Reservierungen:** obligatorisch. **Verkehrszeiten:** das ganze Jahr, saisonal nach Chur und Brig. **Besonderes:** eingleisige, kurvenreiche Strecke zwischen Pontarlier und Neuchâtel. **Spurweite:** 1.435 mm.

Triebfahrzeuge: TGV POS nach Zürich. TGV PSE nach Lausanne und Bern.

Info: Rail-Service 0900 300 300, (Fr. 1.19/Min.), www.sbb.ch

Superzüge: ICE

Der ICE nach Interlaken schlängelt sich gemächlich am Thunersee entlang. Foto: Ronald Gohl

Von Elbe und Spree zur Jungfrau

ICE – tägliche Direktverbindungen ins Berner Oberland

Mit 4 ICE aus Berlin und einem ICE aus Hamburg gelangt man täglich nach Interlaken Ost am Fuße des weltberühmten Dreigestirns mit Eiger, Mönch und Jungfrau. Die Schweizer Teilstrecke ist zuschlagsfrei, in Deutschland werden happige Aufpreise einkassiert. Natürlich kann der deutsche Superzug seine Höchstgeschwindigkeit (280 km/h) in der Schweiz nicht ausfahren. Auf der Neubaustrecke zwischen Olten und Bern erreicht er aber immerhin 200 km/h, auf der eingleisigen Strecke am Thuner See (Faulensee–Interlaken Ost) schleicht er dagegen richtiggehend um die vielen Kurven. Dennoch ist eine Reise im ICE immer noch ein besonderes Erlebnis. Ungewöhnlich ist nicht nur das Design und die Anordnung der Sitze, sondern auch der auffällige Speisewagen mit seinem 45 cm höheren Dach mit zusätzlichen Fenstern. Der ICE pendelt sogar als reiner Inlandszug mehrmals täglich zwischen Basel und Interlaken.

Superzüge: Talgo

Der Talgo Pendular, hier bereits in Spanien, hat besonders niedrige Wagen.   Foto: Ronald Gohl

Sich in den Schlaf schaukeln lassen

Mit dem Nachttalgo von Zürich nach Barcelona

Müde zieht man sich im Zürcher Hauptbahnhof in die geräumige Schlafkabine des Talgo Pendular zurück und lässt sich bereits auf den ersten Kilometern der nächtlichen Fahrt sanft in den Schlaf wiegen. Dank der Wagenkastenneigung legt sich der EC »Pablo Casals« in die Kurven. So kann es durchaus sein, dass man die Nacht durchschlummert und am frühen Morgen bereits spanische Meeresluft schnuppert. Der Talgo Pendular ist eine eigenständige Entwicklung der gleichnamigen spanischen Firma. Der Zug weist nicht nur optisch, sondern auch technisch mit einem interessanten Spezialfederungssystem einige Vorzüge auf, die seinerzeit ein Stück Pionierarbeit waren. So gilt der Talgo als »Vater« aller Neigezüge, diese Technik war übrigens lange Zeit nur auf der iberischen Halbinsel verwirklicht. Bei einer Gesamtlänge von 13 m besitzt jeder Wagen nur zwei Räder an jedem Wagenende, die er mit dem Nachbarwagen teilt. Damit »schweben« die Fahrzeuge, die zu den leichtesten der Welt gehören, und vermitteln ein angenehmes Fahrgefühl.

INFO

Anreise: Zürich ist Ausgangspunkt einer Reise mit dem Talgo Pendular über Bern nach Barcelona. **Fahrzeit:** zirka 14 h 30 min, je Richtung. **Reservierungen:** obligatorisch. **Verkehrszeiten:** dreimal pro Woche (Mo, Mi, Fr). **Besonderes:** Zutritt nur mit gültiger Bordkarte, keine Möglichkeit für Fahrten innerhalb der Schweiz. **Spurweite:** 1.435 und 1.668 mm (automatischer Spurwechsel).

Triebfahrzeuge: Der Talgo Pendular ist mit dem Generatorenwagen eine in sich abgeschlossene Einheit, gezogen wird er allerdings von einer Lokomotive. Diese Aufgabe übernimmt auf der Schweizer Teilstrecke meist eine Re 4/4 II. Ein Unikat stellt auch die Veränderung der Spurweite von 1.435 auf 1.668 (spanische Norm) dar.

Info: Rail-Service 0900 300 300, (Fr. 1.19/Min.), www.sbb.ch

Superzüge: ICN

Der InterCity-Neigezug (ICN): ein Schweizer Pendolino ohne »Kinderkrankheiten«.   Foto: Foto-Service SBB

Die SBB legen sich in die Kurve

ICN: neuer Superzug am Start

Die kleinräumige, gebirgige und auch im dicht besiedelten Mittelland hügelige Schweiz hat den Ingenieuren in den Pionierzeiten des Eisenbahnbaus jede Menge delikater Probleme bereitet – die Ingenieure haben diese Probleme gelöst, indem sie sich buchstäblich gewunden haben: Die Schweizer Bahnstrecken weisen einen weltmeisterlich hohen Anteil an Gleisbogen mit Radien unter 2.000 m auf.

Deshalb haben die Schweizer auch ihren eigenen Neigezug, den ICN. Genauso wie die italienischen ETR 470 und ETR 610 und der deutsche ICE-T verkürzt der ICN die Fahrzeit auf bestimmten Relationen. So sorgt sein Einsatz auf der Linie Zürich-Biel-Lausanne dafür, dass die Fahrt über die Jurafußstrecke genauso lange dauert, wie über Bern mit Doppelstock-IC. Nur so können im schweizer Taktfahrplan alle Anschlüsse optimal sichergestellt werden. Aus demselben Grund ergänzt er die alle 2 Stunden verkehrenden EC (ETR 470/610) am Gotthard bis Lugano zum Stundentakt, genauso (bogen-)schnell, nur eine Stunde versetzt. So dauert die Fahrt von Luzern nach Lugano jetzt nur noch knapp zweieinhalb Stunden.

> **INFO**
>
> **Verkehrszeiten:** Mehrere tägliche Verbindungen zwischen Lausanne, Biel, Zürich und St. Gallen. **Besonderes:** Häufig fahren zwei zusammengekoppelte ICN-Züge. **Spurweite:** 1.435 mm.
>
> **Triebfahrzeuge:** Die 24 ICN-Serienzüge (Baureihenbezeichnung RABDe 500) sind mit sieben Wagen 188,8 m lang und 395 t schwer.
>
> **Info:** Rail-Service 0900 300 300, (Fr. 1.19/Min.), www.sbb.ch

Steile Adhäsion: Uetliberg

Die berühmteste SZU-»Fotokurve« befindet sich bei der Station Ringlikon.   Foto: Ronald Gohl

Mit fast zu viel Promille

Die steilste Normalspur-Adhäsionsbahn Europas

Die Reise auf den 870 m hohen Uetliberg beginnt unterirdisch, nämlich in der SZU-Station unter dem Hauptbahnhof Zürich. Das Tageslicht erreicht der Zug erst nach der ebenfalls unterirdischen Station Selnau. Bei Giesshübel verzweigt sich die Trasse. Links fahren die Pendelzüge das Sihltal hinauf, rechts beginnt der Aufstieg zum Uetliberg. Obwohl die Sihltal–Zürich–Uetliberg-Bahn (SZU) beide Linien betreut, gibt es unterschiedliche Stromsysteme. Auf den Uetliberg fahren die Züge mit Gleichstrom, durchs Sihltal mit Wechselstrom. Beide Linien und Stromsysteme im U-Bahn-Tunnel zu vereinen, war nicht ganz einfach. Auch sonst ist die Uetlibergbahn ein technisches Meisterwerk, denn mit 70‰ Steigung gilt sie als steilste Normalspurbahn Europas, die ohne Zahnrad auskommt. In den Neunzigerjahren wurde der Fahrzeugpark der 1875 eröffneten Uetlibergbahn komplett erneuert, seither stehen meist die acht Triebwagen des Typs Be 4/4 im Einsatz. Eine Fahrt auf den Uetliberg ist auch landschaftlich attraktiv, der Aufstieg führt mehrfach durch den Wald.

INFO

Anreise: Zürich ist Bahnknoten und wird aus allen Himmelsrichtungen mit IR, IC oder ICE direkt erreicht. Fahrplanfeld: 713. **Streckenlänge:** 16 km pro Weg. **Fahrzeit:** 23 min bis Station Uetliberg. **Reservierungen:** nicht möglich. **Verkehrszeiten:** das ganze Jahr im 30-Minuten-Takt. **Besonderes:** Die Uetliberg-Strecke wird als S10 geführt. Spurweite: 1.435 mm.

Triebfahrzeuge: Acht Be 4/4 von 1993, zwei Be 8/8 von 1978, zwei BDe 4/4 »MüXXi« von 1960 und eine Ce 2/2 »Häde-Häde« von 1923.

Info: SZU 01 206 45 11, www.szu.ch

Steile Adhäsion: Bernina

Ohne Zahnrad und ab Pontresina mit 2.000 Volt Gleichstrom fährt der Bernina-Express.   Foto: Ronald Gohl

Ohne Zahnrad auf 2.253 m

Bernina-Express: noch ein langsamer Schnellzug

Von den Gletschern zu den Palmen führt eine Reise mit dem Bernina-Express. Durch verwirrende Kehrtunnels und über himmelhohe Viadukte – hier wird Eisenbahnspaß pur geboten. Unterschiedlicher kann der landschaftliche Genuss kaum sein. Die Reise beginnt in Chur, wo man in die Rhätische Bahn umsteigt. Sehenswürdigkeiten links und rechts des Schienenstrangs gibt es bereits auf den ersten Kilometern. Nach der Überquerung des 89 m hohen Soliserviaduktes geht es aber erst richtig los. Kurz vor Filisur wird der weltberühmte Landwasserviadukt überquert. Die atemberaubende Albulastrecke wurde nach sechsjähriger Bauzeit im Jahre 1904 eröffnet. Nach dem fast sechs km langen Albula-Scheiteltunnel hat man das Engadin erreicht. Ab Pontresina geht es dann mit Gleichstrom und ohne Zahnrad weiter bis auf den 2.253 m hohen Berninapass. Die 54 km lange Talfahrt von Ospizio Bernina führt von den Gletschern bis zu den Tabakfeldern und Palmen im südlichen Tirano.

> **INFO**
>
> **Anreise:** Chur wird von EC und IC via Basel und Zürich erreicht, von St.Gallen besteht durchs Rheintal eine RE-Verbindung. **Streckenlänge:** 203 km pro Weg. **Fahrplanfeld:** 940 und 950. **Fahrzeit:** 4 h : 05 min mit dem schnellsten Bernina-Express. **Reservierungen:** im Bernina-Express obligatorisch, in den übrigen Zügen nicht möglich. **Verkehrszeiten:** das ganze Jahr, während der Sommersaison zwei Express-Züge Chur–Tirano und zwei Express-Züge St. Moritz–Tirano. **Besonderes:** Der Bernina-Express ist klimatisiert, es können nicht alle Fenster geöffnet werden. **Spurweite:** 1.000 mm.
>
> **Triebfahrzeuge:** Der Berninaexpress wird meist mit den neuen Alegra-Triebwagen bespannt, die das Umspannen von Wechselstromloks auf Gleichstromtriebwagen in Pontresina überflüssig machen.
>
> **Info:** RhB 081 288 61 04, www.rhb.ch

Besondere Züge: Seehäsle

Landschaftliches Idyll: mit den neuen Gelenktriebwagen Bm 596 durchs Hügelland.
Foto: Stadler Fahrzeuge AG

Schweizer Bahn in Deutschland

Das »Seehäsle« nach dem Untergang der Mittelthurgau-Bahn

Noch vor wenigen Jahren wurde die Mittelthurgau-Bahn (MThB) als innovative Unternehmung gepriesen. Im Herbst 2002 stand sie infolge Überschuldung vor dem Aus. Die Thurbo AG, die zu 90% den SBB gehören, übernimmt Fahrzeuge und Personal der ostschweizerischen Regionallinien sowie der Euregio Bodensee. Im November 2005 fusionierte sie mit der SBB GmbH, einer 100%igen deutschen Tochter der Schweizerischen Bundesbahnen AG (SBB). Im Auftrag des Landkreises Konstanz fährt die SBB GmbH nun auf den Gleisen der DB AG, und zwar auf der Linie des »Großen Seehas« Konstanz–Radolfzell–Singen–Engen. Doch im nahen Deutschland gibt es noch weitere Bahnstrecken, zum Beispiel der 1982 stillgelegte Streckenabschnitt des »Kleinen Seehäsle« Radolfzell–Wahlwies–Nenzingen–Stockach – er wurde seinerzeit ebenfalls von der MThB neu lanciert. Hierzu wurde nicht nur die Mittelthurgaubahn-Deutschland GmbH gegründet sondern auch gleich noch drei Dieseltriebwagen vom Typ Bm 596 671–673 angeschafft – damit setzte die MThB, leider erfolglos, auf die Karte des Nahverkehrs. Alle Anteile an der deutschen GmbH gehen nun in den Besitz der Thurbo AG über.

INFO

Anreise: Kreuzlingen wird via Weinfelden (IC-Halt SBB), umsteigen in den Thurbo, erreicht.
Fahrplanfeld: 830 (Seehas), D732 (Seehäsle).
Streckenlänge: 31 km (Seehas), 17 km (Seehäsle). **Fahrzeit:** 55 min (Seehas), 22 min (Seehäsle). **Reservierungen:** nicht möglich.
Verkehrszeiten: das ganze Jahr. **Besonderes:** schweizer Züge in Deutschland. **Spurweite:** 1.435 mm.

Triebfahrzeuge: Seit Juli 2006: »Flirt« der SBB GmbH

Info: SBB GmbH +49(0)7531915109
www.sbb-deutschland.de

Besondere Züge: Voralpen-Express

Der Voralpen-Express mit Re 456 093 im winterlichen Biberbrugg. Foto: Bruno Hitz

Vom Bodensee zum Vierwaldstätter See

Wo das Reisen zum Erlebnis wird

Nicht alle spektakulären Bahnstrecken sind im Alpenraum angesiedelt, eine abwechslungsreiche Route führt von Romanshorn am Bodensee durch das St. Galler Hügelland nach Rapperswil am Zürichsee und weiter über Hochmoorlandschaften der Innerschweiz bis nach Luzern am Vierwaldstätter See. Die Züge auf dieser reizvollen Strecke nennen sich »Voralpen-Express« und werden von den SBB und der Südostbahn (SOB) betrieben. Die Fahrt quer durch die Schweiz ist eisenbahntechnisch äußerst interessant, hier fährt man zum Beispiel über den höchsten Bahnviadukt der Schweiz. Er überspannt 99 m hoch den Sittertobel bei St. Gallen. Über 100 weitere Viadukte, zahllose Tunnels und Steigungen von bis zu 50‰ bestimmen den Streckencharakter. Landschaftlich ein Genuss: das naturbelassene Hochmoor von Rothenthurm, nordisch anmutende Nadelholzwälder und mächtige Voralpengebirge wie Säntis, Rigi und Pilatus.

INFO

Anreise: Romanshorn wird von Zürich und St. Gallen aus mit dem InterCity der SBB erreicht, von Schaffhausen fährt der Thurbo bis Romanshorn. **Fahrplanfelder:** 870, 670 und 600. **Streckenlänge:** 185 km pro Weg. **Fahrzeit:** 2 h 45 min pro Weg. **Reservierungen:** nicht möglich. **Verkehrszeiten:** das ganze Jahr, direkte Züge im Stundentakt. **Besonderes:** Zum Einsatz kommen 29 umgebaute Reisezugwagen (ehamlige EW II) mit viel neuem Komfort, Klimaanlage und luftgefederten Drehgestellen. **Spurweite:** 1.435 mm.

Triebfahrzeuge: Bei den Voralpen-Express-Zügen der Südostbahn kommen vier Lokomotiven Re 446 446–448 und sechs Re 4/4 Nr. 91–96 (vormals BT) zum Einsatz.

Info: Südostbahn 071 228 23 23, www.voralpen-express.ch

Besondere Züge: GoldenPass

»GoldenPass« der BLS mit Re 4/4 im Simmental. Foto: Dietmar Beckmann

Vom Vierwaldstätter See zum Genfer See

Luzern–Montreux: Ein Traum nimmt Form an

Noch ist sie ein Traum, die direkte Verbindung von Luzern am Vierwaldstätter See über Interlaken im Berner Oberland nach Montreux am Genfer See. Das Hindernis ist die Normalspur zwischen Interlaken Ost und Zweisimmen. Die dritte Schiene ist derzeit vom Tisch, aber nun plant die MOB den Bau von Drehgestellen mit seitenverschieblichen Los-Rädern(!) und eine Umspurungsanlage in Zweisimmen. Dann wäre die Bahn frei für direkte Schmalspurzüge vom Vierwaldstätter See zum Genfer See – ein einzigartiges touristisches Angebot, das heute bereits mit Umsteigen erlebt werden kann. Mit der meterspurigen Brünigbahn gehts von Luzern über Meiringen nach Interlaken Ost, dort steigt man in einen normalspurigen Zug der BLS Lötschbergbahn um, der über Spiez nach Zweisimmen fährt. Wiederum auf Schmalspur rollen die Panoramazüge der Montreux–Oberland Bernois (MOB). Sehenswürdigkeiten entlang der Strecke gibt es viele: beispielsweise idyllische Alpenrandseen, Bergbahnen, Rebberge, der Nobelkurort Gstaad und noch viel mehr.

INFO

Anreise: Luzern ist Bahnknoten und wird aus allen Himmelsrichtungen schnell mit IC- und EC-Zügen erreicht. **Fahrplanfelder:** 470, 310, 320 und 120. **Streckenlänge:** 237 km pro Weg. **Fahrzeit:** 4 h 46 min pro Weg. **Reservierungen:** möglich, für das »Grand vue«-Abteil auf der MOB-Strecke obligatorisch. **Verkehrszeiten:** das ganze Jahr. **Besonderes:** Aussichtswagen auf den Schmalspurabschnitten.

Triebfahrzeuge: Acht Brünigloks HGe 101 961–968, der direkte »GoldenPass«-Zug der BLS – eine spezielle goldfarbene Zugeinheit mit Steuerwagen. Die MOB setzt vier Ge 4/4 8001–8004 ein.

Info: GoldenPassLine 033 828 32 32, www.goldenpass.ch

Besondere Züge: Gelmer

Eine atemberaubende Fahrt mit der steilsten Bahn der Welt. Foto: Ronald Gohl

106 Prozent Bahnerlebnis

Nervenkitzel am Bahnabgrund

Schon der Blick von der offenen Talstation das Gleis entlang und die Felswand hinauf lässt Hasenfüße erbleichen. Die steilste Standseilbahn der Welt mit einer maximalen Neigung von 106% ist nichts für schwache Nerven. Ausgangspunkt für dieses hochprozentige Bahnerlebnis ist die Postautohaltestelle Handeck an der Grimselstraße (südöstlich von Meiringen). Nach einem kurzen Fußmarsch durch den Wald wird die Station erreicht, welche eigentlich mehr dem Charakter einer Dienstbahn entspricht. Nachdem der Wagenführer den Fahrpreis kassiert hat, bekommt man wie auf der Achterbahn einen Bügel über die Hüfte. Dann kann der Nervenkitzel steigen, und zwar mit jedem Meter. Die Bahn klettert regelrecht eine Felswand hinauf und die gefürchtetsten Plätze sind ganz unten. Das Ziel ist ein traumhaft schöner und fjordähnlicher Bergsee. Wer sich nicht mehr mit der Bahn nach unten traut, kann auch bis Kunzentännlen wandern (ca. 1,5 h).

INFO

Anreise: Von Meiringen an der Brünigstrecke mit dem Postauto bis Handeck. **Streckenlänge:** 1.028 m. **Fahrplanfeld:** kein Eintrag im Kursbuch. **Fahrzeit:** In neun Minuten ist alles vorbei. **Reservierungen:** nur für Gruppen. **Verkehrszeiten:** täglich von Juni bis Oktober. **Besonderes:** Die Fahrgäste werden mit einem Bügel »festgeschnallt«. **Spurweite:** 1.000 mm.

Fahrzeug: Die Gelmerbahn nahm als Werksbahn im Jahre 1926 ihren Betrieb auf. 2001 wurde sie vom Kraftwerk Oberhasli (KWO) umfassend erneuert und für den öffentlichen Betrieb ausgerüstet.

Info: KWO Besucherdienst 033 982 20 11, www.grimselstrom.ch

Besondere Züge: Châtelard

Mit der ehemaligen Kraftwerksbahn gehts durch Tunnel bis zur Staumauer. Foto: Ronald Gohl

Kurioses Bähnchen mit Blick auf Montblanc

In drei Etappen zum Emosson-Stausee

Schon die Anreise nach Châtelard ist ein kleines Abenteuer, fährt doch der Schmalspurzug über schwindelnde Tiefen durch ein Tal ohne Straße. In Châtelard steigt man in eine faszinierende Standseilbahn, welche zu den Steilsten der Welt gehört. 87% neigt sich die Trasse, nichts für schwache Nerven – am besten blickt man gar nicht erst nach unten. In Château-d'Eau heißt es erneut umsteigen, und zwar in ein ganz seltsam anmutendes Züglein. Mit seinen kleinen Dieselloks wirkt es fast wie eine Spielzeugeisenbahn. In Wirklichkeit sitzt man in der ehemaligen Kraftwerksbahn mit einer nur 60 Zentimeter breiten Spur. Mit den offenen Aussichtswagen gehts ziemlich eben durch Tunnels, im Süden grüßt das vergletscherte Montblanc-Massiv. Nach 1.650 m Fahrt folgt die nächste Etappe, man steigt in einen liftähnlichen Schrägaufzug. Über den Besuchern thornt die gewaltige, 180 m hohe Staumauer des Emosson-Speichers. Der Minifunic jagt in nur zwei Minuten 143 m in die Höhe. Bei der Bergstation La Gueulaz genießt man einen herrlichen Blick über die 554 m breite Staumauer.

INFO

Anreise: Martigny wird mit IR via Lausanne oder Brig erreicht. Fahrplanfeld: 2143. **Streckenlänge:** 3.217 m pro Weg. **Fahrzeit:** 50 min pro Weg. **Reservierungen:** für Gruppen. **Verkehrszeiten:** 21. Mai bis 18. Oktober. **Besonderes:** Der Minifunic funktioniert mit Selbstbedienung. **Spurweite:** 1.000 mm (Standseilbahn), 600 mm (Kraftwerksbahn).

Triebfahrzeuge: Standseilbahn mit zwei Wagen, Dieseltraktoren der Kraftwerksbahn und Minifunic mit zwei Kabinen.

Info: Parc d'attraction du Châtelard, 027 769 11 11, www.chatelard.ch

Besondere Züge: Giessbach

Unter einem dichten Blätterdach geht's über den turmhohen Giessbach-Viadukt. Foto: Ronald Gohl

Über tosende Wasserfälle

Mit der ältesten Gebirgs-Seilbahn der Schweiz

GbB lauten die wenig bekannten Initialen für die am 21. Juli 1879 eröffnete Giessbachbahn. Ein wichtiges Datum, denn es steht auch für die Eröffnung der ersten Gebirgs-Seilbahn der Schweiz, für damalige Verhältnisse ein technisches Wunderwerk. Die Giessbachbahn, halb Zahnrad-, halb Standseilbahn, hat sich seit ihrer Inbetriebnahme kaum verändert. Wer in den nostalgischen roten Wagen Platz nimmt und von der Schiffsanlegestelle zum Hotel Giessbach hinauffährt, vernimmt während der Fahrt ein Rumpeln und Knattern, als würde es das alte Bähnchen nicht mehr bis oben schaffen. Nostalgisch ist aber auch das romantische Grandhotel Giessbach, das von Franz Weber und seiner Stiftung sorgfältig renoviert wurde. Die Giessbachfälle gehören zu den großartigsten und schönsten Naturschauspielen der Schweiz. Die Wassermassen stürzen über 14 Felsstufen rund 400 m hinab in den Brienzer See. Eine Reise zum Giessbach kombiniert man meist mit einer Dampfschifffahrt auf dem Brienzer See. Die Giessbachbahn fährt mit Anschluss an die Schiffe.

> **INFO**
>
> **Anreise:** Giessbach wird von Interlaken oder Brienz mit dem Schiff erreicht, das Bähnchen verkehrt zwischen Schiffsstation und Hotel. **Fahrplanfeld:** 2470. **Streckenlänge:** 330 m pro Weg. **Fahrzeit:** 4 min. **Reservierungen:** nicht möglich. **Verkehrszeiten:** Mitte April bis Mitte Oktober. **Besonderes:** die offenen Nostalgiewagen überwinden einen Höhenunterschied von 90 m. **Spurweite:** 1.000 mm.
>
> **Triebfahrzeuge:** Zwei alte Holzwagen aus dem Jahre 1879, sie versehen noch immer zuverlässig ihren Dienst. Der Antrieb befindet sich im Gebäude der Bergstation.
>
> **Info:** Giessbach Hotel 033/952 25 25
> www.giessbach.ch

Bergbahnen: Jungfrau

Ihrer grellen Farbe verdanken die WAB-Triebwagen den Spottnamen »Aromatdose«. Foto: Ronald Gohl

Top of Europe

Per Zahnrad zur höchsten Bahnstation Europas

Das Jungfraujoch thront über dem autofreien Kurort Wengen und wartet nicht nur mit landschaftlichen Höhepunkten, sondern auch mit einem eisenbahntechnischen Europarekord auf. Hier oben, auf 3.454 m ü. M., befindet sich die höchste Eisenbahnstation Europas. Damit hat sich das Jungfraujoch auch die Bezeichnung »Top of Europe« verdient. Die Anfahrt erfolgt von Interlaken über Lauterbrunnen, Wengen und Kleine Scheidegg. Erste Umsteige-Etappe der mehrstündigen Bahnfahrt ist Lauterbrunnen auf 796 m ü. M. Gleich neben den Meterspurzügen der Berner Oberland-Bahnen (BOB) warten die grünen Triebwagenzüge der Wengernalp-Bahn (WAB). Eisenbahnkenner beobachten, dass gleich nach der Abfahrt schon etwas passiert, dass andernorts undenkbar wäre: Mehrere Züge der WAB fahren im Konvoi mit Sichtkontakt zum vorderen Zug. Signale gibt es zwischen Lauterbrunnen, Wengen, der Kleinen Scheidegg und Grindelwald nur an den neu ausgebauten Kreuzungsstationen. Zusammenstöße kennt man praktisch nicht, das ist bei einer Höchstgeschwindigkeit von 22 bis max. 28 km/h auch nicht weiter verwunderlich. Eine weitere Spezialität: Die Züge verkehren bei Föhnstürmen nicht, denn es kam auch schon vor, dass ein neuer Doppeltriebwagen von einer Windböe von den Schienen geblasen wurde.

Im neuen Bahnhof von Wengen (1.275 m ü. M.) macht der Zug unliebsam lange Halt. Eigentlich sind es nur sechs Minuten, doch die werden in der Erwartung des weltberühmten Dreigestirns Eiger, Mönch und Jungfrau zur Ewigkeit. Schließlich rattert die Zahnradbahn weiter über Wengernalp zur Kleinen Scheidegg (2.061 m ü. M.) hinauf. Hier muss wieder umgestiegen werden, denn WAB und Jungfrau-Bahn (JB) haben keine kompatiblen Spurweiten. Und so fragt man sich eben, weshalb die sonst so weitblickenden Bergbahnpioniere sich nicht auf eine ein-

Bergbahnen: Jungfrau

heitliche Gleisbreite einigen konnten. Nach einer kleinen Wartezeit auf der Kleinen Scheidegg, die zwischen Alphornbläsern, Bernhardinerhunden und Touristen aus dem Land der untergehenden Sonne kurzweilig verstreicht, beginnt das Abenteuer der Rekordfahrt aufs Jungfraujoch. Das erste Teilstück der Zahnradstrecke bis zum Eigergletscher verläuft noch unter freiem Himmel. Doch dann verschwindet die Jungfrau-Bahn im Tunnel, den sie bis zur Bergstation nicht mehr verlässt. Damit die Touristen dennoch etwas von der Hochgebirgswelt mitbekommen, gibt es bei den Stationen Eigerwand und Eismeer kurze Aussichtshalte. Das spielt sich ungefähr so ab: Platz mit Kleidungsstück besetzen, mit der Kamera nach draußen eilen und das Objektiv an die Fensterscheibe pressen. Auch im Tunnel fahren die Züge der Jungfrau-Bahn (JB) im Konvoi. Und nach einer knappen Stunde Fahrt durch den 7.222 m langen Tunnel ist das Ziel erreicht. Top of Europe, 3.454 m hoch. Das Jungfraujoch bietet eine grandiose Aussicht auf den Großen Aletschgletscher und die umliegenden Viertausender der Berner Alpen. Zu den Attraktionen gehören der Sphinx-Lift, der Eispalast, eine Schlittenhundfahrt. Etwas verwirrend sind die Stollengänge, die immer wie-

INFO

Anreise: Via Interlaken Ost nach Lauterbrunnen, dort umsteigen in die Zahnradzüge der Wengernalp-Bahn, ab Kleine Scheidegg mit der Jungfrau-Bahn. **Streckenlänge:** 19,1 km (WAB) 9,3 km (JB). **Fahrplanfeld:** 311/312. **Fahrzeit:** 1 h 53 min pro Weg ab Lauterbrunnen, 1 h 34 min pro Weg ab Grindelwald. **Reservierungen:** nur für Gruppen. **Verkehrszeiten:** das ganze Jahr (Betriebseinschränkungen bei schlechter Witterung). **Besonderes:** Nur eine Wagenklasse. Für Gruppen können ab Kleine Scheidegg auch die alten Rowan-Holzzüge gemietet werden. **Spurweiten:** 800 mm (WAB) und 1.000 mm (JB).

Triebfahrzeuge: WAB – vier Doppeltriebwagen des Typs BDhe 4/8 (Baujahr 1988) und 24 Triebwagen der Serie BDhe 4/4 (Baujahre 1947–70), die in drei Versionen gebaut wurden; JB – acht neue Doppeltriebwagen des Typs BDhe 4/8 (Baujahr 1992–2002) oder die etwas älteren Vierachser der Baureihe BDhe 2/4 (Baujahre 1955–1966), meist mit Steuerwagen Bt unterwegs, teils revidiert.

Info: JB 033 828 72 33, www.jungfraubahnen.ch

Das erste Teilstück Kleine Scheidegg– Eigergletscher verläuft nicht im Tunnel; im Hintergrund die Eigernordwand. *Foto: Ronald Gohl*

der woanders hinführen und auch der Bahnhof scheint aus verschiedenen Katakomben zu bestehen. Die anschließende Talfahrt ruft dann bei den meisten Passagieren, vermutlich wegen des großen Höhenunterschieds, die blanke Müdigkeit hervor.

Bergbahnen: Schynige Platte

Harte Holzbänke, rumpelnde Züge – Nostalgie wie anno dazumal. Foto: Ronald Gohl

Mit »Belle Époque« ins 21. Jahrhundert

Nostalgiezüge auf die Schynige Platte

Wenns mal regnet, kann es vorkommen, dass der Berg zum »schynen« kommt (Berner Oberländer Mundartausdruck für »rutschen«). Damit ist erklärt, wie die 1.987 m hohe Schynige Platte zu ihrem Namen kam. Wie der Berg dem Tourismus dienstbar gemacht wurde, ist eine ganz andere Geschichte. Am 14. Juni 1893 nahm die Zahnradbahn ihren Betrieb auf, machte jedoch zwei Jahre später schon Pleite. Die gesamte Anlage wurde in der Folge für 865.000 Franken an die Berner Oberland-Bahnen (BOB) verkauft, die noch heute die Schynige Platte-Bahn betreiben. Das Rollmaterial scheint ebenfalls noch aus der Gründerzeit zu stammen. Die gemütlichen Sommer-Nostalgiewagen sind seit der ersten Stunde dabei, die ältesten Elektrotriebwagen seit der Elektrifizierung im Jahre 1914. Heute denkt niemand mehr daran, das altertümliche Rollmaterial zu ersetzen, es wird liebevoll gepflegt und von den Ausflüglern geschätzt. Die Lokführer arbeiten im Titularsystem, das bedeutet, jeder Lokführer hat »seine« eigene Lok, für die er Sorge tragen muss. Lukas heißt übrigens der Lokführer der bei Kindern beliebten Teddylok.

INFO

Anreise: Von Interlaken Ost mit der schmalspurigen BOB bis Wilderswil. **Streckenlänge:** 7,2 km. **Fahrplanfeld:** 314. **Fahrzeit:** 52 min bis Schynige Platte, Talfahrt ebenfalls 52 min. **Reservierungen:** nur für Gruppen. **Verkehrszeiten:** von Juni bis Oktober. **Besonderes:** Signale gibt es auf der 7,2 km langen Strecke keine, gefahren wird auf Sicht. **Spurweite:** 800 mm.

Triebfahrzeuge: Die schrulligen Maschinchen der Baureihe He 2/2 sind grün, rostrot, feuerrot oder rot-creme und rumpeln über die Schienen aus der Gründerzeit.

Info: Bhf. Wilderswil 033 828 73 51, www.teddyland.ch

Bergbahnen: Mürrenbahn

Parallel zur BLM-Trasse verläuft ein Wanderweg mit schönen Fotostandpunkten.   *Foto: Ronald Gohl*

Über dem achthundert Meter tiefen Abgrund

Panoramabahn Grütschalp–Mürren

»Wie ist die Bahn eigentlich auf den Berg gekommen«, fragt sich so manch ein Reisender, der auf der Grütschalp angekommen ist und am Gleis der Bergbahn Lauterbrunnen–Mürren (BLM) steht. Es gibt keine Straße hier hinauf und das Züglein fährt auf einer schmalen Terrasse, die gegen Osten etwa 800 m senkrecht abfällt. Und doch verkehren hier vierachsige Adhäsions-Triebwagen. Die BLM gilt als Panoramabahn sondergleichen, denn hinter den Fenstern zieht die gesamte Hochgebirgspracht der Berner Alpen vorbei. Und nun noch zum Rätsel, wie die Eisenbahnfahrzeuge hier hinauf gekommen sind. Man hat sie kurzerhand auf das Gleis der Standseilbahn Lauterbrunnen–Grütschalp gestellt und dann mit dem Seil hochgezogen. Oben angekommen, war eine umständliche und nicht ganz ungefährliche Rangiererei von der für ein solches Fahrzeug ganz ungewöhnlichen Schräglage in die gewohnte Waagrechte notwendig. Zum Glück müssen die Fahrzeuge nicht mehr umziehen, denn die Werkstätte befindet sich ebenfalls auf dem Berg.

INFO

Anreise: Lauterbrunnen wird von Interlaken Ost mit den Berner Oberland-Bahnen erreicht. Weiter zur Grütschalp gehts mit der Standseilbahn. **Fahrplanfeld:** 313. **Streckenlänge:** 5,7 km (inkl. Seilbahn) pro Weg. **Fahrzeit:** 28 min pro Weg. **Reservierungen:** nicht möglich. **Verkehrszeiten:** das ganze Jahr 2009: 20.–24. April und 2.–6. November kein Betrieb. **Besonderes:** Der Nostalgietriebwagen kann von Gruppen gemietet werden. **Spurweite:** 1.000 mm.

Triebfahrzeuge: Drei Be 4/4 Nr. 21–23 aus dem Jahre 1967, ein Nostalgie-Holztriebwagen BDe 2/4 von 1913.

Info: JB 033 828 70 38, www.jungfraubahnen.ch

Bergbahnen: Brienzer Rothorn

Großer Andrang bei der Zwischenstation Planalp: Hier wird Wasser nachgefüllt. Foto: Brienz–Rothorn-Bahn

Frischdampf braucht der Berg

Viel Betrieb mit zehn Dampfloks am Brienzer Rothorn

Weltweite Beachtung findet die Berner Oberländer Dampfzahnradbahn aufs Brienzer Rothorn. Die Talstation liegt am See auf 566 m, die Bergstation auf 2.244 m – auf der 7,6 km langen Strecke überwinden die Züge also einen Höhenunterschied von 1.678 m. Das erfordert täglich harten Einsatz der zum Teil über 100-jährigen Feuerbüchsen. Um die musealen Maschinen etwas zu schonen, gab die Brienz-Rothorn-Bahn (BRB) unlängst den innovativen Anstoß zur Entwicklung von neuen Dampflokomotiven. Bei der ehemaligen Schweizerischen Lokomotiv- und Maschinenfabrik (SLM) Winterthur wurde die Idee aufgenommen – und mittlerweile konnten vier fabrikneue Dampfloks (Baujahre 1992–96) in Betrieb genommen werden. Diese Triebfahrzeuge sind kleine ölgefeuerte Hightech-Geräte. Einen Heizer sucht man auf dem Führerstand vergeblich, für die Einmannbedienung sind Totmannpedal und Wachsamkeitseinrichtung vorhanden. Ein elektrisches Vorheizgerät sorgt dafür, dass schon in den frühen

INFO

Anreise: Mit der schmalspurigen Brüniglinie von Luzern oder Interlaken Ost bis Brienz. **Streckenlänge:** 7,6 km pro Weg. **Fahrplanfeld:** 475. **Fahrzeit:** 1 h bis Brienzer Rothorn, Talfahrt ebenfalls 1 h. **Reservierungen:** für Gruppen ab zehn Personen obligatorisch. **Verkehrszeiten:** von Juni bis Oktober. **Besonderes:** Bei Spitzenverkehrszeiten während der Hochsaison kann es auch vorkommen, dass einige Züge mit Dieseltraktion geführt werden. **Spurweite:** 800 mm.

Triebfahrzeuge: Die drei neuen Dampflokomotiven sind vom Typ H 2/3, Betriebsnummern 12, 14, 15 und 16. Ältestes Feuerross ist die Lok 2 mit Baujahr 1891; gleich alt ist die Lok 5, sie war bis 1912 allerdings bei der Wengernalpbahn.

Info: BRB 033 952 22 22, www.brienz-rothorn-bahn.ch

Bergbahnen: Brienzer Rothorn

Morgenstunden bei der unbeaufsichtigten Lok der nötige Dampfdruck aufgebaut wird. Die Bahn ist in ihrer Art wohl einzigartig auf der Welt.

Aber auch die Dampfveteranen kommen zum Einsatz, wenn an Spitzentagen im Sommer bis zu 2.000 Ausflügler befördert werden müssen. Die mit Kohle gefeuerten Lokomotiven Nr. 1, 2 und 5 stammen noch aus den ersten Betriebsjahren 1891/92. Die Maschinen Nr. 6 und 7, Baureihe He 2/2, sind etwas rüstiger. Sie wurden 1933 und 1936 erbaut. Somit ist die Brienz–Rothorn-Bahn weltweit die einzige Bahngesellschaft, welche Dampflokomotiven aus drei Generationen besitzt (Gründung, kurz vor Ende der Dampfzeit, Renaissance der Dampftraktion).

Seinen ganz besonderen Reiz verdankt das Brienzer Rothorn seiner einzigartigen Lage. Am Fuß des Brienzer Sees reicht das Panorama über den ganzen Bogen der Berner Alpen. Finsteraarhorn, Eiger, Mönch, Jungfrau, Blüemlisalp und viele andere vergletscherte Eisriesen gilt es zu bewundern. Doch auch gegen Norden zu hat die Aussicht einiges zu bieten: Tiefblick nach Sörenberg, Weitblick übers Emmental und Entlebuch. Eine »Bahnwanderung« kann ebenfalls unternommen werden: In etwa zwei Stunden steigt man von der Bergstation zur Mittelstation Planalp ab. Die rund 900 Höhenmeter gehen einem dabei ganz schön in die Knie. Dafür kommen Bahnfans auf ihre Kosten, denn unterwegs bieten sich herrliche Fotostandpunkte.

Das Echo der schnaufenden Dampfloks hallt von den Bergwänden im engen Tal.   *Foto: Ronald Gohl*

Bergbahnen: Rigi

Farbiges Rigi-Bähnchen und Panorama-Landschaft: ein Stück typische Schweiz. Foto: Rigi-Bahnen

Hoch über dem Nebel

Rigi: erste Zahnradbahn der Alpen

Das Jahr 1871 ging als Meilenstein in die Geschichte der Eisenbahn ein, damals nahm die erste Zahnradbahn der Alpen, die Vitznau–Rigi-Bahn (VRB) ihren Betrieb auf. Seit 1875 führen ab Rigi Staffel zwei parallel verlegte Gleise zum weithin berühmten Ausflugsgipfel Rigi Kulm (1.797 m ü. M.). Das eine wurde von der VRB, das andere von der Arth–Rigi-Bahn (ARB) erstellt. Vor der Fusion im Mai 1992 lieferten sich die beiden Zahnradbahn-Unternehmen einen harten Konkurrenzkampf. Zwei Weichen ermöglichen erst seit dem 12. Juli 1990 einen Rollmaterialtausch der rot-weißen (VRB) und blauweissen (ARB) Züge. Heute läuft die Zahnradbahn unter dem Rigi-Label. Die Strecke von Art-Goldau bis Rigi Staffel abzubrechen, konnte erfolgreich abgewehrt werden. Weil Investitionen im Bereich des Gleisunterbaus notwendig waren, dachten die Rigi-Bahnen an einen Gondelbahn-Ersatz. Bevölkerung, Fahrgäste und das Bahnpersonal wehrten sich jedoch gegen dieses Vorhaben und hatten Erfolg.

Besonders im Herbst lohnt es sich, auf die Rigi zu fahren, dann nämlich wird der ins Flachland hineinragende Alpenausläufer meist von einem Nebelmeer umgeben. Für Eisenbahnfans ist der Juli ein wichtiges Datum, dann findet die jährlich weithin bekannte Fahrzeugparade statt. VRB wie ARB verfügen über einen respektablen Fahrzeugpark mit vielen historischen Fahrzeugen. Nebst zwei Dampflokomotiven (eine weitere steht betriebsbereit im Verkehrshaus der Schweiz und wird gelegentlich an ihrem Heimatberg eingesetzt) sowie vier Elektroveteranen (zwei Lokomotiven und zwei Triebwagen) stellen sich nebst vielen anderen

Bergbahnen: Rigi

INFO

Anreise: Vom Hauptbahnhof Luzern mit dem Schiff über den Vierwaldstätter See bis nach Vitznau. **Streckenlänge:** 15,5 km von Vitznau über Rigi nach Arth-Goldau. **Fahrplanfelder:** 602 und 603. **Fahrzeit ab Vitznau:** 30 min bis Rigi Kulm, Talfahrt 40 min. **Reservierungen:** nur für Gruppen. **Verkehrszeiten:** das ganze Jahr. **Besonderes:** Am Wochenenden im Hochsommer planmäßige Dampfzüge. Regelmäßig finden auch Dampftage mit Dampfzahnradloks und Elektroveteranen statt. **Spurweite:** 1.435 mm.

Triebfahrzeuge: Viele verschiedene und interessante Triebwagen, darunter auch Elektroveteranen und Dampflokomotiven. Die neusten Triebwagen sind vom Typ Bhe 4/4 (VRB) und BDhe 4/4 (Baujahr 1982).

Info: RB 041 399 87 87, www.rigi.ch

interessanten Fahrzeugen auf der Rigi Staffel auf und fahren anschließend einzeln oder parallel zur Freude der angereisten Bahnfans und Fotografen zur Bergstation Rigi Kulm. Aber auch sonst ist viel los an der Rigi: Im Juli fahren die Dampfzüge fast täglich von Vitznau zur Bergstation, im August ist dann die Strecke von Arth-Goldau an der Reihe. Interessierte Eisenbahnfans erfragen die genauen Daten bei der Rigi Bahn-Verwaltung oder im Internet. In jüngster Zeit gibt es auch im Winter öffentliche Dampffahrten.

Bereits 1906/1907 elektrifizierte die Arth-Rigi-Bahn ihre Strecke und schaffte fünf Triebwagen an. Diese Fahrzeuge waren rundherum geschlossen und ermöglichten eine – so die damalige Werbung »rußfreie, durch keinen Rauch gestörte Fahrt«. 1937 folgte auch die VRB mit der Elektrifizierung.

Im Herbst und im Winter liegt meist dicker Nebel über dem Vierwaldstätter See. Dann lohnt es sich natürlich ganz besonders auf die Rigi zu fahren, denn sie ragt fast immer aus der ungemütlichen »Suppe«. Züge fotografieren kann man im Herbst auf den Wanderwegen (Kulm–Staffel–Kaltbad) oder im Winter neben den Pisten.

Jeweils im Juli findet zwischen Staffel und Kulm die beliebte Fahrzeugparade statt.   Foto: Ursula Fischer

Bergbahnen: Pilatus

Mit dem neusten »Migros«-Werbezug auf die steilste Zahnradbahn der Welt.   Foto: Ronald Gohl

Viel Promille am Berg

Pilatus: steilste Zahnradbahn der Welt

Eine Bahn fürs Guinnessbuch der Rekorde findet man am Pilatus, dem Luzerner Hausberg. Doch aufgepasst, eine Fahrt in den kleinen roten Bähnchen ist nichts für Leute mit Höhenangst. 480‰ Steigung ist ein absoluter Weltrekord für eine Bahn mit Eigenantrieb. Oder anders ausgedrückt: Die Trasse windet sich an einer lotrecht abfallenden Felswand in die Höhe. Wenn das mal gut geht... Halt, Entgleisungsgefahr besteht nicht. Mit den etwas überhöhten Laufschienen sind die Zahnreihen in die Stahlstange eingefräst, so wird das Entgleisen der Fahrzeuge unmöglich. Geistiger Vater dieser Idee war Eduard Locher (1840 bis 1910), der im Auftrag der Luzerner eine zweite »Rigi«-Bahn baute, denn die Konkurrenz von der anderen Seite des Vierwaldstätter Sees stieß auf wenig Gegenliebe. Genial sind auch die Weichen, sie gehen in die dritte Dimension und werden je nach Fahrtrichtung horizontal gewendet; also die Oberseite für das Stammgleis, die Unterseite für die Abzweigung.

INFO

Anreise: Mit dem Schiff vom Hauptbahnhof Luzern nach Alpnachstad. **Streckenlänge:** 4,3 km für die Einwegfahrt. **Fahrplanfeld:** 473. **Fahrzeit:** 30 min bis Pilatus Kulm, Talfahrt 40 min. **Reservierungen:** nur für Gruppen. **Verkehrszeiten:** von Mai bis November. **Besonderes:** Die Züge verkehren auf Sicht in einem Abstand von 50–100 m, die Kreuzungsstelle befindet sich auf der Alp Ämsigen. **Spurweite:** 800 mm.

Triebfahrzeuge: Die Wagen des Typs Bhe 1/2 sind bereits 1937 (Nr. 21–28) gebaut worden und weisen zwei Motoren auf. Sie erbringen eine Stundenleistung von 210 PS – das ist auch nötig, denn es müssen auf den 4,3 Streckenkilometern deftige 1.623 m Höhenunterschied überwunden werden.

Info: PB 041 329 11 11, www.pilatus.com

Bergbahnen: Rochers de Naye

Drei neue Triebwagen vom Typ Bhe 4/8 beschaffte sich die Bahn im Jahre 1983.   Foto: Ronald Gohl

Zurück zum Dampf

»Vapeur Evasion« am Rochers de Naye

Dass man Dampfzüge gut vermarkten kann, haben längst auch Bergbahnen erkannt. Viel zu früh hat sich die Zahnradbahn am Rochers de Naye von ihrer Dampftraktion getrennt, deshalb entschied der Verwaltungsrat eine neue Dampflok zu bauen. Seither verkehrt diese Lok mit der Baureihenbezeichnung H 2/3 Nr. 1 am 1.973 m hohen Panoramaberg über dem Genfer See. An Wochenenden finden Publikumsfahrten statt, sonst kann der Nostalgiezug von Gruppen gemietet werden. Oben angekommen, geht man durch einen langen Tunnel zum Restaurant »Plein-Roc«. Es »hängt« an einer senkrecht abfallenden Felswand und der Blick reicht über den Genfer See bis zu den Savoyer Alpen mit dem Montblanc.

INFO

Anreise: Mit dem InterCity von Bern über Lausanne (umsteigen) nach Montreux. **Streckenlänge:** 10,3 km pro Weg. **Fahrplanfeld:** 121. **Fahrzeit:** 55 min bis Rochers de Naye, Talfahrt ebenfalls 55 min. **Reservierungen:** nur für Gruppen. **Verkehrszeiten:** ganzes Jahr, von Mitte Oktober bis Mitte Dezember nur Samstag/Sonntag. **Besonderes:** An wochenenden im Juli und August: Belle Époque-Fahrten. Im Bahnhof Montreux treffen drei unterschiedliche Spurweiten aufeinander. **Spurweite:** 800 mm.

Triebfahrzeuge: Neben der besagten Dampflok gibt es noch eine nostalgische Elektrolok der Baureihe HGe 2/2, zahlreiche vierachsige Triebwagen (ABeh 2/4) und die drei neuen Gelenktriebwagen vom Typ Bhe 4/8 (Baujahr 1983).

Info: GoldenPass Services 021 989 81 81, www.mob.ch

Der Rochers de Naye ist auch Ausgangspunkt für viele Wanderungen. Auch wenn diese nicht immer am Gleis entlang führen, so gibt es doch lohnende Fotopunkte für Eisenbahnenthusiasten.

Bergbahnen: Col de Bretaye

Blick vom Führerstand eines BVB-Triebwagens auf den Bahnhof Villars. *Foto: Ronald Gohl*

Kletterkünstler über dem Rhônetal

Die Bex–Villars–Bretaye-Bahn (BVB)

Nicht schlecht, das rote Meterspurbähnchen überwindet zwischen Bex im Rhonetal und dem Col de Bretaye 1.397 Höhenmeter auf nur 17,1 Streckenkilometern. Die Reise mit der BVB (nicht zu verwechseln mit den Basler Verkehrsbetrieben, auch BVB) kann in vier Abschnitte gegliedert werden. Zunächst fährt der Zug von Bex auf 411 m ü. M. durchs flache Rhônetal bis Bévieux. Dort beginnt der Aufstieg mittels Zahnstange und Zahnrad nach Gryon (1.131 m). Ziemlich eben ist der dritte Abschnitt zwischen Gryon und dem Ferienort Villars (1.253m), hier fährt der Zug sogar teilweise auf der Straße. Wer noch weiter hinauf will, steigt um – die Züge könnten theoretisch zwar bis ins 1.808 m hoch gelegene Ski- und Wandergebiet des Col de Bretaye fahren, tun es aber nicht. Die Fahrzeuge der BVB sind nicht uninteressant. Hat man den Col de Bretaye erreicht, gehts vielleicht zu Fuß nach Villars hinunter, natürlich entlang der Bahnstrecke mit vielen Fotostandpunkten.

INFO

Anreise: Bex wird durch das Rhonetal erreicht. Jeder zweite IR hält in Bex. **Fahrplanfeld:** 127 und 128. **Streckenlänge:** 17,1 km, davon 9,3 km mit Zahnstange. **Fahrzeit:** 1 h 04 min bis Col de Bretaye. **Reservierungen:** nur für Gruppen. **Verkehrszeiten:** das ganze Jahr, in der Zwischensaison stark eingeschränkt. **Besonderes:** dem Wagenführer über die Schulter sehen. **Spurweite:** 1.000 mm.

Triebfahrzeuge: Triebwagen und Zahnradlokomotiven im Schiebedienst.

Info: TPC 024 468 03 30, www.tpc.ch

Bergbahnen: Gornergrat

Unter haushohen Schneewänden verschwinden die Triebwagen auf dem Gornergrat.   *Foto: Ronald Gohl*

Das Matterhorn auf dem Rücksitz

Spektakuläre Bahnfahrt nach Zermatt

4.477 m hoch ist die Edelpyramide von Zermatt, in der ganzen Welt als Matterhorn bekannt. Zermatt ohne Matterhorn wäre etwa gleich viel wie New York ohne Wolkenkratzer. Dabei verstellt ein Bergrücken die halbe Aussicht vom Dorf auf das Matterhorn. Wer mehr sehen will, fährt höher hinauf, zum Beispiel auf den 3.089 m hohen Gornergrat. Dort hinauf gelangt man vom Bahnhof Zermatt aus mit einer Zahnradbahn, die seit ihrer Eröffnung im Jahre 1898 elektrisch fährt. Während der 9,3 km langen Fahrt genießt man die Aussicht auf die Viertausender. Und selbst auf 3.000 m ü. M. gibts noch blumenübersäte Wiesen, 300 Schmetterlingsarten und Bergseen wie aus dem Lehrbuch für Postkartenfotografen. Fast hat man den Eindruck, das Matterhorn sitze mal auf dem Rücksitz, mal neben uns und dann wie vor uns – ganz und gar nicht vergessen darf man dabei den Monte Rosa, mit 4.634 m der höchste Berg im Land!

INFO

Anreise: Zermatt wird mit der BVZ Zermatt-Bahn von Brig aus erreicht. Nach Brig gelangt man von Bern aus über den Lötschberg. **Fahrplanfeld:** 142. **Streckenlänge:** 9,3 km pro Weg. **Fahrzeit:** 43 min pro Weg. **Reservierungen:** nur für Gruppen. **Verkehrszeiten:** das ganze Jahr, in der Zwischensaison stark eingeschränkt – in der Hochsaison zusätzliche Sportzüge zwischen Riffelberg und Gornergrat. **Besonderes:** nur eine Wagenklasse. **Spurweite:** 1.000 mm.

Triebfahrzeuge: Vier neue Gelenktriebwagen Bhe 4/8 Nr. 3051–3054, vier Gelenktriebwagen der gleichen Baureihenbezeichnung aus den Jahren 1975/76 sowie zwölf Vierachser.

Info: GGB 027 921 41 11, www.ggb.ch

Bergbahnen: Generoso

Die beiden Gelenktriebwagen Bhe 4/8 Nr. 11 und 12 warten auf die Talfahrt. Foto: Ronald Gohl

Das Migros-Bähnchen

Zahnradbahn auf den Monte Generoso

Die Migros ist der größte Schweizer Lebensmittelmarkt mit Filialen in allen größeren Orten. Daneben hat die Genossenschaft auch Tankstellen, Reisebüros, Schokoladenfabriken und eben eine Zahnradbahn im südlichsten Winkel der Schweiz. Ausgangspunkt für eine Fahrt auf den Monte Generoso ist Capolago (274 m) am Luganer See. Die Triebwagen klettern von hier aus eine Felswand entlang zur Zwischenstation Bellavista (1.221 m) hinauf. Die Trasse wurde regelrecht in den Fels gemeißelt, denn beim Hinuntersehen neigt man zu Schwindel. Rund 100 m unter dem Generoso-Gipfel endet die Zahnradbahn auf 1.602 m ü. M. Von hier aus kann man über den Panoramaweg in etwas mehr als einer Stunde zur Mittelstation Bellavista absteigen. Eisenbahnfans werden jedoch enttäuscht, denn der Zug fährt so weit oben, dass er nur an ganz wenigen Stellen fotografiert werden kann. Die Ferrovia Monte Generoso (MG) ist übrigens die letzte Bahn der Schweiz, die elektrifiziert wurde.

INFO

Anreise: Capolago wird halbstündlich mit der S10 erreicht, abends halten auch die IR aus Basel und Zürich. **Fahrplanfeld:** 636. **Streckenlänge:** 9 km pro Weg. **Fahrzeit:** 47 min pro Weg. **Reservierungen:** nur für Gruppen. **Verkehrszeiten:** Mitte März bis Ende Oktober. **Besonderes:** Auf Bestellung fährt der Belle-Époque-Zug mit Dampf. **Spurweite:** 800 mm.

Triebfahrzeuge: Vier Gelenktriebwagen Bhe 4/8 Nr. 11–14, zwei Dieselfahrzeuge Thm 2/2 und Thm 2/3 sowie die Dampflok H 2/3 Nr. 2.

Info: MG 091 648 11 05, www.montegeneroso.ch

Nordwestschweiz: BLT

Die längste Überlandstraßenbahn fährt sogar durch den französischen Sundgau. *Foto: Vally Gohl*

Die längste Tram Europas

Baselland-Transport (BLT)

Gleich zwei Rekorde darf die Baselland-Transport AG für sich in Anspruch nehmen: Zum einen gilt die 25,6 km lange Strecke von Dornach über die Stadt Basel nach Therwil und Rodersdorf als längste Überlandstraßenbahnlinie Europas, zum anderen ist der Tramzug mit einer Länge von rund 50 m (zwei aneinander gekoppelte Gelenkmotorwagen) die längste Straßenbahn der Schweiz. Die Reise mit der Linie 10 beginnt für Bahntouristen am Basler Aeschenplatz (eine Haltestelle vom Hauptbahnhof entfernt, Linie 8 nehmen), wo man sich entscheiden muss, ob man nun nach Dornach oder Rodersdorf fährt. Rodersdorf lohnt sich mehr, denn in Leymen finden sogar Grenzkontrollen statt. Zwischen Ettigen und Rodersdorf fährt der 10er richtig übers Land, und zwar durch den französischen Sundgau – ein attraktives Wandergebiet. Pro Jahr benutzen über elf Millionen Fahrgäste die Tram, sie werden beim Einsteigen von Sensoren gezählt.

INFO

Anreise: Basel wird von ICE und IC via Bern und Zürich erreicht, von Delémont besteht durchs Birstal eine S-Bahn- und ICN-Verbindung. **Fahrplanfeld:** 505. **Streckenlänge:** 17 km nach Rodersdorf, 9 km nach Basel. **Fahrzeit:** 40 min bis Rodersdorf, 21 min bis Dornach. **Reservierungen:** nicht möglich (Tram). **Verkehrszeiten:** das ganze Jahr alle 10 Minuten. **Besonderes:** keine Billettkontrolle in der Tram ab Fluh alle 20 Minuten. **Spurweite:** 1.000 mm.

Triebfahrzeuge: Auf der Straßenbahnlinie 10 verkehren die Tramwagen vom Typ Be 4/8 Nr. 201–266 sowie Be 4/6 Nr. 101–115. Die größeren Motorwagen sind mit einem Niederflurteil, der so genannten »Sänfte«, ausgestattet.

Info: BLT 061 406 11 66, www.blt.ch

Nordostschweiz: WB

Gepäcktriebwagen BDe 4/4 Nr. 13 bei Hölstein im Waldenburgertal. Foto: Ronald Gohl

Auf schmaler Spur ins Baselbiet

Eine Fahrt mit der Waldenburger-Bahn (WB)

Ausgangspunkt einer Reise ins Waldenburgertal ist der Baselbieter Kantonshauptort Liestal. Das Gleis der Waldenburger-Bahn (WB) ist mit 750 mm Spurweite etwa halb so breit wie jenes der SBB. Auf den ersten hundert Metern verläuft die Trasse parallel zum »großen Bruder«, zweigt dann rechts ab und quert die große Ebene von Bad Bubenberg. Das historisch wertvolle und vorbildlich restaurierte Stationsgebäude ist sehenswert. Die Reise geht weiter über Lampenberg, Hölstein, Niederdorf und Oberdorf bis nach Waldenburg. Hier haben sich schon um die Jahrhundertwende Uhrenfabriken niedergelassen. Zu den Sehenswürdigkeiten gehört die Altstadt und ein Spaziergang zur Burgruine auf dem Schlossberg. An mehreren Sonntagen im Jahr verkehren von Liestal nach Waldenburg auch Dampfzüge für jedermann. Mit den sieben neuen Triebwagen bewältigt die WB den gesamten Agglomerations- und Ausflugsverkehr im Waldenburgertal.

INFO

Anreise: Liestal wird mit CIS, ICE, EC, IC, IR von Basel, Luzern und Bern erreicht; Achtung, nicht jeder Fernzug hält. **Fahrplanfeld:** 502. **Streckenlänge:** 13,1 km pro Weg. Fahrzeit: 24 min pro Weg. **Reservierungen:** nur für Gruppen. **Verkehrszeiten:** das ganze Jahr im Stundentakt, je nach Tageszeit auch im Halbstundentakt. **Besonderes:** nur eine Wagenklasse, Dampfzüge nach besonderem Fahrplan (nur an Sonntagen). **Spurweite:** 750 mm.

Triebfahrzeuge: Der erste neue Gepäcktriebwagen vom Typ BDe 4/4 wurde im Jahr 1985 an die WB geliefert. Sechs weitere folgten zwischen 1986 und 1993. Betriebsnummern 11–17. Das achte Triebfahrzeug der WB ist die Dampflok G 3/3 Nr. 5 (Baujahr 1902).

Info: WB 061 965 94 94, www.rail-info.ch/WB

Nordostschweiz: BD

Seit 1993 sind die 37,4 m langen Be 4/8 zwischen Dietikon und Wohlen unterwegs.
Foto: Bremgarten–Dietikon-Bahn

Kleiner Pass am Weg

Dietikon–Bremgarten–Wohlen

Von einer Bergbahn kann man nicht sprechen, obwohl die Bremgarten–Dietikon-Bahn (BD) den 550 m hohen Mutschellenpass überquert. Die Höhendifferenz ab Bremgarten beträgt gerade mal 164 m mit einer maximalen Trasse-Neigung von 53‰. Doch die BD hat sich im Laufe der letzten Jahre als wichtige Vorortbahn etabliert. Sie verbindet Dietikon im Limmattal mit dem beliebten Wohnstädtchen Bremgarten an der Reuß und fährt dann weiter bis in den Industrieort Wohlen. Besonders attraktiv ist die Fahrt von Bremgarten nach Dietikon. Während der Zug an Höhe gewinnt, genießt man an schönen Föhntagen ein herrliches Panorama über dem Reußtal, und vom Jura bis zu den Urner und Glarner Alpen. Wegen ihrer Nähe zur Großstadt Zürich und der steigenden Beliebtheit des öffentlichen Verkehrsmittels gewinnt die BD zunehmend an Bedeutung. Mit ihrem modernen Rollmaterialpark konnte die Schmalspurbahn viele Pendler zum »Umsteigen« bewegen.

INFO

Anreise: Dietikon erreicht man von Zürich aus mit den S-Bahn-Linien S3 und S12, von Basel nimmt man den durchgehenden IR. **Fahrplanfeld:** 654. **Streckenlänge:** 27 km pro Weg. Fahrzeit: 36 min. **Reservierungen:** nur für Gruppen, Anmeldung am Vortag. **Verkehrszeiten:** das ganze Jahr im Halbstundentakt. **Besonderes:** nur eine Wagenklasse, im Regionalfahrplan als S17. **Spurweiten:** 1.000 und 1.435 mm (teilweise Dreischienengleis).

Triebfahrzeuge: Fünf Niederflur-Gelenktriebwagen Be 4/8 aus dem Jahre 1993, neun dreiteilige Gelenktriebwagen BDe 8/8 von 1969 und zwei nostalgische BDe 4/4 (Baujahr 1928/32). Ferner ein Traktor (Tm 2/2 Nr. 51), ein Schienenschleiffahrzeug (Xm 1/3 Nr. 402) und zwei Normalspur-Güterlokomotiven.

Info: BD 0800 888 800, www.bdwm.ch

Nordostschweiz: FB

Die modernen Tramzüge der Forchbahn führen vom Stadtzentrum ins Grüne. *Foto: Forchbahn*

Triebwagen aus fünf Generationen

Forchbahn (FB)

Als S18 führt von Zürich-Stadelhofen die meterspurige Forchbahn (FB) ins Grüne. Das Vorortbähnchen fährt bis Rehalp auf dem Gleis der Verkehrsbetriebe Zürich (VBZ) und erklimmt über Zollikerberg und Zumikon die 689 m hohe Forch – ein beliebtes Naherholungsgebiet der Stadt Zürich (Wanderwege über Wasserberg und Zollikerberg nach Zürich oder via Küsnachter Tobel an den Zürichsee. Die Steigung von 278 m auf nur zwölf Kilometern wird mit einer Steilrampe von fast 70‰ bewältigt. Nach Forch geht's dann wieder abwärts bis ins sechs Kilometer weiter südlich gelegene Zürcher Oberländer Dorf Esslingen (478 m ü. M.). Die rund 40 Minuten dauernde Fahrt bietet eine Fülle von Gegensätzen: Von der Großstadt über die Villenviertel in Zumikon bis zu schönen Landschaften und alten Bauernhöfen. Die im November 1912 eröffnete Forchbahn verfügt noch über betriebsfähige Fahrzeuge aus allen Epochen, die teilweise bei Sonderfahrten zum Einsatz kommen.

INFO

Anreise: Zürich ist Verkehrsknoten und wird von allen Himmelsrichtungen erreicht. Zürich-Stadelhofen liegt vier Fahrminuten vom HB Zürich entfernt (S7 nach Rapperswil). **Fahrplanfeld:** 731. **Streckenlänge:** 18 km pro Weg. **Fahrzeit:** 37 min bis Esslingen. **Reservierungen:** nicht möglich. **Verkehrszeiten:** das ganze Jahr, Viertelstundentakt bis Forch, Halbstundentakt bis Esslingen. **Besonderes:** nur eine Wagenklasse, Billetts am Automaten lösen. **Spurweite:** 1.000 mm.

Triebfahrzeuge: Acht Be 4/4 aus dem Jahre 1994. Sechs Doppeltriebwagen Be 8/8 (Baujahre 1976–86), sechs BDe 4/4 von 1959/66, der BDe 4/4 Nr. 10 (Baujahr 1948) und der CFe 2/2 Nr. 4 aus dem Jahr 1912.

Info: FB 043 288 11 11, www.forchbahn.ch

Nordostschweiz: Db

Einer der zwei Dolderbahn-Triebwagen, der vom Römerhof zum Grandhotel fährt.   Foto: Vally Gohl

Minibahn
mit zwei Fahrzeugen

Dolderbahn (Db)

Mit nur zwei Fahrzeugen, die je 104 Passagieren Platz bieten, bedient die Dolderbahn (Db) vier Stationen. Ausgangspunkt ist der Römerhof in Zürich-Hottingen. Von dort überwinden die beiden Zahnradbahntriebwagen einen Höhenunterschied von 162 m. Endstation ist das Naherholungsziel des Dolders. Die Bahn fährt vom Stadtzentrum ins Grüne, die Reise dauert gerade mal sechs Minuten – vorbei an Betonklötzen, durch den Wald und über ein bemerkenswertes Bahnviadukt in vorgespannter Eisenbetonkonstruktion. Die größte Neigung zwischen Römerhof und Dolder beträgt 196‰. Die Station Waldhaus war übrigens früher Bergstation der vorherigen Standseilbahn. In den Jahren 1972/73 wurde diese auf Zahnradbetrieb (mit Lamellenzahnstangen des Fabrikats von Roll) umgestellt. Endstation ist heute das Grandhotel Dolder, das nach einer eleganten Rechtskurve durch den Wald erreicht wird. Von hier aus gibt es schöne Wander- und Spazierwege über den Adlisberg. Die über 100-jährige Bahn blickt trotz ihrer geringen Länge auf eine wechselhafte Vergangenheit zurück.

> **INFO**
>
> Die Lokomotive atmet einen giftigen Rauch aus, welcher die Atmosphäre verpestet, welcher Vögel tötet und Menschen krank macht. Der Himmel wird durch den Rauch verfinstert, dass die Sonne nicht mehr hindurch scheinen kann. Die in der Nähe der Bahn befindlichen Häuser werden durch die Funken aus dem Schornstein der Lokomotive in Brand gesteckt. – Die Hühner können nicht mehr fressen, die Landwirtschaft muss aufhören zu sein, da es keine Pferde mehr geben wird, um das Heu zu fressen. Die Reisenden selbst sind jeden Augenblick höchsten Gefahren ausgesetzt, der explodierende Kessel muss sie in Stücke reißen, und ihre Anverwandten können ihnen dann nicht einmal ein ordentliches christliches Begräbnis bereiten.
>
> *Anekdote um das Jahr 1840 in der Nationalzeitung*

Nordostschweiz: SZU

SZU-Pendelzug mit Umrichterlok Re 456 546 und Doppelstockwagen bei Sihlwald.   Foto: Bruno Hitz

Durch den Zürcher Urwald

Sihltal–Zürich–Uetliberg-Bahn (SZU)

Der dicht bewaldete Bergrücken westlich der Sihl ist eine kulturgeografische Barriere: im Osten das Häusermeer der Stadt Zürich, im Westen das bäuerliche Konaueramt. Den Sihlwald bildet ein geschlossener Forst von über 1.000 ha. Mitte der 1980er beschloss das Forstamt der Stadt Zürich, das Gebiet zum Sihl-Urwald zu erklären.

Auf Seite 88 wurde bereits die Uetlibergbahn vorgestellt, die mit 1.200 Volt Gleichstrom verkehrt. Von der gleichen Privatbahn wird auch die Linie über Adliswil durch den Sihlwald nach Sihlbrugg betrieben. Ursprünglich war die Sihltalbahn als Zubringerlinie zur Gotthardbahn gedacht. Heute ist der Abschnitt Sihlwald–Sihlbrugg stillgelegt und sie tritt sie als moderne Vorortbahn mit Doppelstockwagen auf (S-Bahn-Linie 4). Interessante Eigenheiten sind die unterirdische Streckenführung durch die Stadt mit dem Kopfbahnhof unter den SBB-Gleisen sowie die gemeinsame Fahrleitungsführung mit der Uetlibergbahn.

INFO

Anreise: Ausgangspunkt für eine Fahrt in den Sihlwald ist der Hauptbahnhof Zürich mit Anschluss in alle Landesteile. **Fahrplanfeld:** 712. **Streckenlänge:** 14 km pro Weg. **Fahrzeit:** 26 min bis Sihlwald. **Reservierungen:** für Gruppen obligatorisch (am Vortag melden). **Verkehrszeiten:** das ganze Jahr, im Stundentakt bis Sihlwald, alle 20 Minuten bis Langnau–Gattikon. **Besonderes:** ein Doppelstockwagen wird einer einstöckigen Zugformation beigestellt. **Spurweite:** 1.435 mm.

Triebfahrzeuge: Sechs moderne Umrichterloks vom Typ Re 456 (Baujahre 1987/93), mehrere Pendelzüge für den Regionalverkehr sowie eine Dampflok – E 3/3 Nr. 5 »Schnaagi-Schaagi« aus dem Jahr 1899. Ferner die Em 836, die Em 236 und der Tm 236.

Info: SZU 01 206 45 11, www.szu.ch

Ostschweiz: Gonzen

Das einzige, weltweit betriebsfähige Fahrzeug mit MFO-Gyro-Antrieb.   *Foto: Werner Nef*

Tief im Innern des Berges

Bergwerksbahn in Sargans

Über 2.000 Jahre alt ist das Eisenbergwerk Gonzen bei Sargans. Bereits um 15 v. Chr. beschlagnahmten die Römer die wertvollen Bodenschätze in der Ostschweiz. Erst im Mai 1966 verließen die letzten Mineure den stillgelegten Gonzen, der ein weit verzweigtes Netz an unterirdischen Gängen aufweist. Die alten Stollenzüge präsentieren sich heute frisch lackiert und führen mutige Touristen in die Welt unter Tage. Eine Führung, Platzangst darf man dabei nicht haben, dauert drei Stunden. Nach der Zugfahrt in den Berg müssen die Besucher durch die dunklen Stollen wandern. Auch in der Schweiz warten also noch Abenteuer – die bis zu 30 km langen Tunnels sollen sogar über 300 m unter die Talsohle reichen. Bewundernswert ist aber auch die weltweit einzige MFO-Gyrolok – ein Unikum mit Schwungradantrieb. Dank seiner Geräuscharmut und Abgasfreiheit eignet sich dieses Fahrzeug besonders gut für ein Bergwerk.

> **INFO**
>
> **Anreise:** Sargans liegt an der Bahnstrecke Zürich–Chur bzw. St. Gallen–Chur. **Fahrplanfeld:** die Stollenbahn ist nicht im Kursbuch eingetragen. **Streckenlänge:** mehrere Kilometer Gleis unter Tage. **Fahrzeit:** ca. 30 min bis in den Basisstollen. **Reservierungen:** für alle Führungen obligatorisch. **Verkehrszeiten:** nur während der Sommersaison. **Besonderes:** festes Schuhwerk und gute Kondition sind Voraussetzung, Kinder unter zwölf Jahren haben keinen Zutritt. **Spurweite:** 600 mm.
>
> **Triebfahrzeug:** Die 1954 für ein Bergwerk in Metz erbaute Lok Nr. 4 kam im Jahre 1956 in den Gonzen. Nach der Stilllegung des Bergwerks wurde die Maschine für 250.000 Franken komplett renoviert.
>
> **Info**: Pro Gonzenbergwerk 081 723 12 17

Ostschweiz: SZU

Der Voralpen-Express überflügelt schon heute das Komfortangebot der SBB. Foto: Bruno Hitz

Aus zwei mach eins

Schweizerische Südostbahn (SOB)

Am 17. Dezember 2001 fusionierten die frühere Südostbahn und die Mittelthurgau-Bahn zur Schweizerischen Südostbahn (SOB) mit Sitz in St. Gallen. Die auf diese Weise gestärkte Privatbahn will sich künftig verstärkt auf den Regionalverkehr sowie auf das Produkt »Voralpen-Express« konzentrieren.

Die am 1. Mai 1877 eröffnete Linie der Südostbahn führt von Wädenswil über eine 50‰-Rampe nach Samstagern und weiter bis zum Klosterdorf Einsiedeln. Der Eröffnung ging wegen der Steilrampe ein schwerer Unfall voraus. Während einer Probefahrt im Jahre 1876 versagten die Bremsen. Für den Zug mit 20 Tonnen Anhängelast gab es kein Anhalten mehr. Er raste ins Tal und zerschellte in der Station Wädenswil (Bilanz: zwei Tote). 72 Jahre später folgte auf der gleichen Rampe das zweite, weitaus schwerere Unglück. Eine Krokodil-Lok mit Sportzug brannte infolge eines Bedienungsfehlers des Lokführers ebenfalls durch. Der Zug raste in Wädenswil auf ein Abstellgleis und zerstörte beim Aufprall das halbe Bahnhofsgebäude mit der SOB-Verwaltung (Bilanz: 21 Tote und 40 Verletzte).

Eine zweite Linie der SOB verbindet Rapperswil mit Arth-Goldau in der Zentralschweiz. Diese landschaftlich sehr reizvolle Strecke führt über das Hochmoor von Rothenthurm, das unter dem nationalen Schutz der Eidgenossenschaft steht.

Die im Jahre 1910 in Betrieb gegangene Bodensee–Toggenburg-Bahn (BT), heute SOB, zählt zu den jüngeren

Ostschweiz: SOB

Privatbahnen der Schweiz. Die direkte Linienführung durch das hügelreiche Ostschweizer Voralpenland erforderte vor allem zwischen St. Gallen und Nesslau-Neu St. Johann den Bau zahlloser Viadukte und Tunnels. So verläuft heute fast ein Fünftel der Strecke auf Kunstbauten. Darunter zu verstehen sind Tunnels und Brücken bzw. Viadukte. Aufmerksame Reisende zählen auf der Fahrt von Romanshorn am Bodensee ins Toggenburg 17 Tunnels (inklusive den von der SOB mitbenutzten 1.466 m langen Rosenbergtunnel, der im Eigentum der SBB ist) und 91 Brücken. Alle Tunnels aneinander gereiht ergeben eine Länge von 6.867 m (ohne Rosenberg), hinzu kommen 3.093 m Brücken. 18 Viadukte sind länger als 50 m. Mit dem Sitterviadukt hält die SOB einen Schweizer Rekord; das 99 m hohe Bauwerk übertrifft sogar den Soliserviadukt der RhB.

Der stündliche Voralpenexpress verkehrt über die Gesamtstrecke Romanshorn–Arth Goldau und weiter über SBB-Strecke am Vierwaldstätter See entlang nach Luzern. Mit seinen besonders komfortablen, ehemaligen EWII-Wagen macht er der die Fahrt durch das Voralpenland zu einem abwechslungsreichen Erlebnis für Genießer.

Diverse Neuerungen und Verbesserungen wie weitere attraktive Angebote, die Erneuerung des Fahrzeugparks und der Ausbau des Fahrplans sind in den nächsten Jahren auf dem weitläufigen Streckennetz zwischen Romanshorn und Arth-Goldau geplant.

INFO

Anreise: Ausgangspunkt für eine Reise mit der SOB sind die Bahnhöfe in Romanshorn und Arth-Goldau, beide bequem mit den SBB zu erreichen. **Fahrplanfelder:** 670 und 870. **Streckenlänge:** 111 km pro Weg. Fahrzeit: 2 h 15 min. **Reservierungen:** nur für Gruppen. **Verkehrszeiten:** das ganze Jahr im Stundentakt. **Besonderes:** der Voralpen-Express fährt bis nach Luzern. **Spurweite:** 1.435 mm.

Triebfahrzeuge: Vier Re 446 (ex. SBB-Prototyplokomotiven Re 4/4 IV), sechs Umrichterlokomotiven vom Typ Re 456, eine Ae 476, (Ex-DR), etwa zwei Dutzend Pendelzugkompositionen für den Regionalverkehr sowie weitere Dieselloks und Traktoren.

Info: Südostbahn 071 228 23 23, www.suedostbahn.ch

Ein neues Unternehmen – ein neues Erscheinungsbild: SOB-Zug im Kanton Schwyz. Foto: SOB

Ostschweiz: Thurbo

Die Thurbo AG übernahm die Stadler-GTW der Mittelthurgau-Bahn. *Foto: Thurbo*

Durch Mostindien und Euregio

Thurbo AG

Die finanziell stark angeschlagene Mittelthurgau-Bahn (MThB) wurde im Herbst 2002 von den SBB »übernommen«. Alle 240 Mitarbeiter, die Linien des Regionalverkehrs und die meisten Fahrzeuge gingen an die Thurbo AG, eine Tochter der SBB, über.

Seit dem 15. Dezember 2002 führt die neue Bahngesellschaft die meisten Regionalzüge der Ostschweiz und der Euregio Bodensee. Das neue Zugdesign ist eigenständig. Wer genau hinschaut, erkennt aber die Elternschaft von SBB und MThB.

Nicht von der Thurbo AG übernommen wurden die sechs deutschen Lokomotiven Re 486, die 18 alten DDR-Maschinen Ae 477 und der »Churchill-Pfeil«. Diese Fahrzeuge gingen an die SBB. Die ehemaligen DDR-Loks passten nicht ins Rollmaterialkonzept der SBB und und kamen zurück nach Deutschland zur WAB, wo sie dank der von Stadler eingebauten Mehrfachsteuerung in Doppeltraktion schwere Güterzüge ziehen, die Re 486 sind bei SBB Cargo willkommene Zugpferde und der Churchill-Pfeil geht an SBB Historic. Die alten Re 4/4 I (neue Bezeichnung Re 416), die in einer Nacht-und-Nebel-Aktion von der ehemaligen MThB vor dem Schneidbrenner gerettet wurden, sind inzwischen gern gesehene Zugloks für Sonderzüge im In- und Ausland.

Bleiben wir noch ein wenig auf der früheren Stammstrecke der MThB. Sie führt durch »Mostindien«, wie der Kanton Thurgau wegen seiner zahlreichen Apfelplantagen auch ironisch genannt wird. Auf die Thurbo-Züge steigt man im Bahnhof Wil um. Hier halten alle InterCity der SBB (Zürich–St. Gallen).

Ostschweiz: Thurbo

Mit dem Regionalzug gehts dann sofort durch landschaftlich reizvolle Hügelzüge und durch nie gehörte Bauerndörfer: Bronschhofen, Bettwiesen und Tobel-Affeltrangen heißen die ersten Haltepunkte. Bussnang hat dank des ebenso innovativen Rollmaterialherstellers Stadler längst Weltruhm erlangt. Seine Gelenktriebwagen werden inzwischen in die ganze Welt exportiert. In Weinfelden kreuzen sich die Trassen von Thurbo und SBB. Nach kurzer Pause fährt der Regionalzug auf der eingleisigen Strecke in Richtung Bodensee weiter. Der Jakobstobel wird dabei auf einem 30 m hohen Viadukt überquert. Nach dem steilen Abstieg zum Bodensee ist in Kreuzlingen nicht Endstation. Jetzt rollt der bunte Zug über die Grenze nach Konstanz – und von dort aus weiter bis Radolfszell und Engen. Die Anteile der MThB Deutschland GmbH wurden zu 100% von der schweizerischen Thurbo AG übernommen. Von Kreuzlingen kann man mit den neuen GTW-Zügen auf der Thurbo-Seelinie weiter den Bodensee entlang nach Romanshorn gelangen. Thurbo hat weniger mit Tempo, mehr mit Dynamik zu tun, der Name steht aber vor allem für Thurgau-Bodensee. Einzig der Regionalverkehr der Schweizerischen Südostbahn ist auf dem Normalspurnetz der Ostschweiz nun noch eigenständig.

> **INFO**
>
> **Anreise**: In Wil halten alle IC-Züge auf ihrer Fahrt von Zürich über Winterthur bis nach St. Gallen. **Fahrplanfeld:** 820, 830 und diverse weitere Anschluss- und Durchmesserlinien. **Streckenlänge:** 56 km von Wil bis Konstanz. **Fahrzeit:** 59 min pro Weg. **Reservierungen:** nur für Gruppen. **Verkehrszeiten:** das ganze Jahr im Halbstundentakt. **Besonderes:** auch Züge in Deutschland. **Spurweite:** 1.435 mm.
>
> **Triebfahrzeuge:** 80 GTW-Triebwagen von Stadler (41 GTW 2/6 und 39 längere GTW 2/8).
>
> **Info:** Thurbo AG 051 223 49 00, www.thurbo.ch

Hügelzüge, Apfelplantagen, Riegelbauten und Schlösschen: Reiseland der Thurbo. Foto: Ronald Gohl

Ostschweiz: AB

Eine Einzelanfertigung ist die Ge 4/4 Nr. 1 der Appenzeller Bahnen für schwere Reisezüge. Foto: Archiv Lan

Am Fuße des Säntis

Appenzeller Bahnen (AB)

Ausgangspunkt für eine Fahrt mit den Appenzeller Bahnen (AB) ist der SBB-Bahnhof Gossau in der Ostschweiz (Linie Zürich–St. Gallen). Hier besteigt man den roten Schmalspurzug und reist damit an den Fuß des Säntis. Ursprünglich hatten die Bahnpioniere hochtrabende Pläne, sie wollten die Bahnlinie über Weissbad und Seealp – ähnlich wie die Jungfrau-Bahn – bis auf den Gipfel des Säntis (2.502 m) führen. Doch daraus wurde nichts. Die Reise ist heute nicht minder schön, man fährt über Urnäsch und Gonten durchs Appenzeller Voralpenland. Der Kantonshauptort Appenzell ist Drehscheibe der AB. Von hier aus gelangt man weiter nach Wasserauen oder über Gais nach Altstätten im Rheintal (Anschluss an die SBB-Linie St.Gallen–Chur). Auf dem letzten Abschnitt überquert die Appenzeller Bahn den Stosspass (942 m) und »kraxelt« mittels Zahnstange auf einer Strecke von nur 6 km über 500 m abwärts.

INFO

Anreise: Gossau wird von IC via Zürich und Winterthur erreicht. **Fahrplanfeld:** 854, 855, 856. **Streckenlänge:** 52 km für die Einweg-Fahrt. **Fahrzeit:** 1 h 13 min bis Altstätten, Wartezeiten beim Umsteigen nicht eingerechnet. **Reservierungen:** nicht möglich. **Verkehrszeiten:** das ganze Jahr. **Besonderes:** in Appenzell und Gais umsteigen, lohnender Abstecher nach Wasserauen. **Spurweite:** 1.000 mm.

Triebfahrzeuge: Die Appenzeller Bahnen verfügen über Adhäsions- und Zahnradbahnfahrzeuge, ursprünglich war die Linie Appenzell–Gais–Altstätten eine eigenständige Bahn. Mit der Ge 4/4 Nr. 1 steht nur eine einzige Lok im Einsatz, alles andere sind Triebwagen.

Info: AB 071 354 50 60, www.appenzellerbahnen.ch

Ostschweiz: TB

Kleiner Zug, große Landschaft: Zwischen St. Gallen und Trogen fährt die TB. *Foto: Trogener-Bahn*

Small is beautiful ...

Trogener Bahn (TB)

Klein gekammert und hügelig ist die Appenzeller Topografie. Auch das orange Bähnchen, das von St. Gallen über Speicher nach Trogen fährt, scheint schmaler als üblich zu sein. 1903 wurde die Meterspurlinie eröffnet, seither ist sie als Ausflugs- und Pendlerbahn nicht mehr wegzudenken. Aber nicht nur das Ziel ist lohnend, auch unterwegs bieten sich den Reisenden reizvolle Ausblicke, zum Beispiel die Fernsicht von der Vögelinsegg, mit 940 m ü. M. der höchste Punkt der 9,8 km langen Strecke. St. Gallen liegt im Vergleich dazu auf 670 m ü. M. Der Höhenunterschied wird mit einer max. Trassenneigung von 75‰ überwunden. Trogen ist ein Dorf mit stattlichen Häusern, natürlich auch hier gilt die Devise: small is beautiful ... Unweit von Trogen befindet sich das internationale Pestalozzidorf. Die Kindersiedlung wurde für die Waisen des Zweiten Weltkriegs gegründet und beherbergt noch heute Kriegswaisen aus der ganzen Welt.

INFO

Anreise: St. Gallen wird von EC und IC via Basel und Zürich erreicht, von Chur besteht durchs Rheintal eine RE-Verbindung. **Fahrplanfeld:** 859. **Streckenlänge:** 9,8 km pro Weg. **Fahrzeit:** 24 min bis Trogen. **Reservierungen:** nur für Gruppen. **Verkehrszeiten:** das ganze Jahr im Halbstundentakt. **Besonderes:** nur eine Wagenklasse, Billetts am Automaten lösen und entwerten. **Spurweite:** 1.000 mm.

Triebfahrzeuge: Die TB besitzt Gepäcktriebwagen der Baureihen BDe 4/8 und BDe 4/4. Die Züge fahren in Ein- bis Dreifachtraktion mit Steuerwagen. Zudem verfügt die TB über eine der wenigen selbstfahrenden Schneeschleudern der Schweiz (Xrotm 2/2 Nr. 72).

Info: TB 071 343 70 11
www.trogenerbahn.ch

Ostschweiz: FW

Eine von 13 Haltestellen: Der FW-Triebwagen mit Bt 114 hält kurz in Rosental.   *Foto: Vally Gohl*

Einst Dampfstraßenbahn

Frauenfeld–Wil-Bahn (FW)

Am 1. September 1887 nahm die als Dampfstraßenbahn gebaute Frauenfeld–Wil-Bahn (FW) ihren Betrieb auf. Seit ihrer Gründung hat die Gesellschaft mit ihrer 25 km langen Strecke allerlei Tiefen und Höhen durchgemacht. Das Bähnchen erlebte die erste Wirtschaftskrise noch vor der Jahrhundertwende genauso wie die Hochkonjunktur zwischen 1904 und 1911, als im Murgtal das Industriezeitalter ausbrach. Wegen der Rationalisierung der Kohlen während des Ersten Weltkrieges entschloss sich die FW zur Elektrifizierung, so dass die ersten Elektrotriebwagen bereits 1921 eingesetzt werden konnten. Dies brachte dem Unternehmen so viel Verkehrszuwachs, dass sogar als Ergänzung zum Angebot ein Automobildienst geprüft wurde. Bis in die 1940er Jahre verkehrte das Bähnchen auf der Straße. Wegen des zunehmenden Automobilverkehrs begann man ab 1937 mit dem Bau einer separaten Trasse. Heute präsentiert sich die FW als moderne Vorortbahn mit attraktivem Rollmaterial. Zwischen Frauenfeld und Wil werden 13 Haltestellen bedient.

> ### INFO
>
> **Anreise:** Frauenfeld wird von Zürich über Winterthur erreicht. **Fahrplanfeld:** 841. **Streckenlänge:** 25 km pro Weg. **Fahrzeit:** 32 min bis Wil. **Reservierungen:** nur für Gruppen. **Verkehrszeiten:** das ganze Jahr, Taktfahrplan (zweimal stündlich). **Besonderes:** nur eine Wagenklasse, Billetts am Automaten lösen und entwerten. **Spurweite:** 1.000 mm.
>
> **Triebfahrzeuge:** Zwischen Frauenfeld und Wil kommen moderne Gepäcktriebwagen (BDe 4/4) mit Steuerwagen zum Einsatz.
>
> **Info:** FW 071 626 31 00, www.thurbo.ch

Ostschweiz: RhW

Im Bahnhof von Rheineck steht auf dem Stumpfgleis der BDeh 1/2 der RhW. *Foto: Vally Gohl*

Mit einem einzigen Triebfahrzeug

Bergbahn Rheineck–Walzenhausen (RhW)

Rheineck heißt der Ausgangspunkt einer der kleinsten Schweizer Privatbahnen. Sie verbindet die Kleinstadt am Bodensee mit dem rund 300 m höher gelegenen Kurort Walzenhausen. Ursprünglich war es gar keine Zahnradbahn. Schon der Blick auf die Karte verrät, dass über die schnurgerade Trasse einst eine Standseilbahn holperte. 1958 wurde die veraltete Anlage vollständig umgebaut. Erhalten blieb nur die seltene Spurweite von 1.200 mm. Führte vorher noch eine Trambahn die wenigen hundert Meter von der Talstation der Standseilbahn zum Bahnhof der SBB, so wurden mit dem Umbau die beiden Strecken zusammengeschlossen. Seither verkehrt zwischen Rheineck und Walzenhausen ein winziges Bähnchen – die RhW verfügt damit gerade mal über einen Triebwagen. Fällt dieser aus, z.B. wie nach dem schweren Unfall mit einem Lastwagen im Juli 1997, so bleibt die Strecke für Monate ohne Zug. Bis zur Reparatur wurde ein Busersatz bereitgestellt. Auf der 1,9 km langen Trasse bewältigt der BDeh 1/2 eine Steigung von 252‰.

INFO

Anreise: Rheineck wird von Zürich via St. Gallen und Rorschach bzw. von Chur durchs Rheintal erreicht. **Fahrplanfeld:** 858. **Streckenlänge:** 1,9 km pro Weg. **Fahrzeit:** 6 min pro Weg. **Reservierungen:** nur für Gruppen. **Verkehrszeiten:** das ganze Jahr, pro Stunde ein Zug. **Besonderes:** nur eine Wagenklasse, in Ruderbach besteht »Halt auf Verlangen«. **Spurweite:** 1.200 mm.

Triebfahrzeuge: BDeh 1/2 Nr. 1.

Info: RhW 071 891 18 52, www.ar-bergbahnen.ch

Ostschweiz: RHB

Ohne großen Presserummel ging im November 1998 der BDeh 3/6 in Betrieb. *Foto: Sandro Sigrist*

Mit Dampf, Aussichts- und Gelenktriebwagen

Rorschach–Heiden-Bahn (RHB)

Heiden auf knapp 800 m ü. M. bietet seinen Besuchern ein prächtiges Panorama über dem Bodensee mit seinem Wasserinhalt von rund 50.000 Milliarden Litern. Eine normalspurige Zahnradbahn verbindet den aussichtsreichen Kurort mit Rorschach am Bodenseeufer. Schon immer setzte die Bahn auffälliges Rollmaterial ein: beispielsweise doppelstöckige offene Zweite-Klasse-Wagen oder ein stromlinienförmiges Personenauto mit Eisenbahn-Fahrgestellen. Solche Fahrzeuge sind natürlich längst Geschichte. Doch auch heute kann man sich über das eingesetzte Rollmaterial freuen, z.B. die Dampflok mit offenen Aussichtswagen oder der neue sechsachsige Gelenktriebwagen von Stadler. RHB und RhB dürfen natürlich nicht verwechselt werden. Außer den Initialen hat die Rorschach–Heiden-Bahn nichts mit der Rhätischen Bahn gemeinsam. Einmal in Heiden angekommen, bieten sich vielfältige Wandermöglichkeiten. Wie wärs mit dem Witzweg? Er führt in erheiternden Stationen hinüber nach Walzenhausen, wo die RhW zur Talfahrt einlädt.

> **INFO**
>
> **Anreise:** Rorschach wird von St. Gallen mit dem RE erreicht. Die EC nach München halten hier nicht. **Fahrplanfeld:** 857. **Streckenlänge:** 7,1 km pro Weg. **Fahrzeit:** 24 min bis Heiden. **Reservierungen:** nur für Gruppen. **Verkehrszeiten:** das ganze Jahr im Stundentakt. **Besonderes:** Dampfzug und Aussichtswagen. **Spurweite:** 1.435 mm.
>
> **Triebfahrzeuge:** Ein Gelenktriebwagen BDeh 3/6, zwei Triebwagen BDeh 2/4, ein historischer Triebwagen und die Dampflok Eh 2/2.
>
> **Info:** RHB 071 891 18 52, www.ar-bergbahnen.ch

Mittelland: OeBB

De 6/6 Nr. 15301 »Seetalkrokodil« der OeBB mit einem Extrazug bei Oensingen.   *Foto: Heinz Sigrist*

Kurze Stichlinie durch die Kluse

Oensingen–Balsthal-Bahn (OeBB)

Die OeBB befindet sich natürlich in der Schweiz und nicht, wie man wegen den Initialen fälschlicherweise vermuten könnte, in Österreich. Das Kürzel für die Bundesbahnen jenseits der Landesgrenze ist übrigens ÖBB. Mit der OeBB macht man immer nur eine kurze Reise, nämlich von Oensingen am Eingang der Juraklause bis nach Balsthal. Nur gerade 3,9 km lang ist das Streckennetz einer der kleinsten Privatbahnen Europas. Die Geschichte der Bahn reicht ins Jahr 1899 zurück, eigentlich sollte eine Bahn über die Wasserfälle nach Basel gebaut werden. Wegen finanzieller Schwierigkeiten blieb es dann bei der kurzen Stichlinie. Landschaftlich reizvoll ist die Fahrt durch die Kluse, eine schluchtartige Kerbe in der Jurakette. Die Zukunft des hochinteressanten Rollmaterialparks (inklusive »Roter Pfeil«) scheint gesichert, jedenfalls ist die Einstellung des Schienenverkehrs vorerst abgewendet – auch wenn der Fahrplan recht ausgedünnt daherkommt.

INFO

Anreise: Alle IR der Linie Biel–Zürich–Konstanz halten in Oensingen. **Fahrplanfeld:** 412. **Streckenlänge:** 3,9 km pro Weg. Fahrzeit: 9 min bis Balsthal. **Reservierungen:** nur für Gruppen. **Verkehrszeiten:** Halbstundentakt bis 19 : 30 Uhr, danach Busse, auch Güterzüge mit Personenbeförderung. **Besonderes:** auch Planeinsätze von historischen Fahrzeugen. **Spurweite:** 1.435 mm.

Triebfahrzeuge: Zwei ABDe 4/8 Nr. 244 und 245, zwei BDe 4/4 Nr. 641 und 651, RBe 2/4 Nr. 202 »Roter Pfeil« (ursprünglich SBB), De 6/6 »Seetalkrokodil« (zurzeit in Restauration), Ce 2/2 von 1944 und die Dampflok E 3/3 aus dem Jahr 1899. Personenverkehr meist mit einem NPZ der Vorserie.

Info: OeBB 062 391 31 01, www.oebb.ch

Mittelland: RVO

Nach dem Halt in Aarwangen fährt der Be 4/4 mitten auf der Straße. Foto: Ronald Gohl

Zwei Reisen durchs Mittelland

Regionalverkehr Oberaargau (RVO)

In noch nicht einmal so alten Eisenbahnbüchern sucht man vergeblich nach dem Regionalverkehr Oberaargau (RVO), denn die Privatbahn aus dem Mittelland hieß früher Oberaargau–Jura-Bahn (OJB). Sie nahm im Oktober 1907 ihren Betrieb auf der Strecke Langenthal–Niederbipp auf. Zehn Jahre später kam die weiter nördlich gelegene Linie Langenthal–Melchnau dazu. Inzwischen wurde der Betrieb St. Urban–Melchnau eingestellt. In Langenthal befindet sich die Werkstätte und das Depot des RVO. Ideale Reisezeit ist April bis Oktober, denn im Winter liegt oft eine dicke Nebeldecke über dem Mittelland. An den beiden Strecken liegen interessante Kulturdenkmäler, wie das imposante Schloss Aarwangen (Langenthal–Niederbipp) oder die Klosterkirche St. Urban. Wer sich mehr für das Rollmaterial statt für alte Gemäuer interessiert, kommt an beiden Linien (schöne Fotostandorte) ebenfalls auf seine Kosten. Inzwischen gibt es schon wieder eine Neuerung: Die Betriebsgesellschaft des RVO heißt neu Aare Seeland Mobil AG (asm), welcher auch die BTI angeschlossen ist.

INFO

Anreise: Langenthal – IR-Halt zwischen Bern und Zürich. **Fahrplanfeld:** 413 und 414. **Streckenlänge:** 10,9 km nach Niederbipp, 4,9 km nach St. Urban. **Fahrzeit:** 21 min bis Niederbipp, 11 min bis St. Urban. **Reservierungen:** nur für Gruppen. **Verkehrszeiten:** das ganze Jahr im Halbstundentakt. **Besonderes:** nur eine Wagenklasse. **Spurweite:** 1.000 mm.

Triebfahrzeuge: Sechs Triebwagen vom Typ Be 4/4, ein Buffettriebwagen für Extrafahrten.

Info: Aare Seeland Mobil AG 062/919 19 19, www.aare-seeland-mobil.ch

Mittelland: WSB

Von den 35 Triebfahrzeugen der WSB sind die älteren noch orange gespritzt. *Foto: Vally Gohl*

Eiszeitliche Muldentäler mit Bahnverbindung

Wynental- und Suhrentalbahn (WSB)

Der Kanton Aargau ist in eine ganze Anzahl Paralleltäler aufgeteilt, die alle vom nördlichen Mittelland in Richtung Aare verlaufen. Sie wurden von den eiszeitlichen Gletschern zu flachen Mulden geschliffen. Einem solchen natürlichen Verkehrsweg folgt die Wynentallinie und etwas weiter westlich die Suhrentallinie. Beide Bahnverbindungen werden durch die WSB bedient. Ausgangspunkt ist Aarau, von wo aus die Meterspurzüge entweder nach Schöftland (Suhrental) oder über Oberkulm und Reinach nach Menziken-Burg (Wynental) fahren. Ursprünglich hatten beide Täler ihre eigene Bahn; um einen möglichst rationellen Haushalt zu führen, wurde 1958 fusioniert. Neben einigen weniger auffallenden Besonderheiten weist die WSB auf ihren beiden Linien je eine Kreuzung mit der SBB-Strecke Aarau–Zofingen auf, die komplizierte Fahrleitungsumschaltanlagen bedingen. Weil in beiden Tälern viel Industrie angesiedelt ist, benutzen viele Pendler die WSB.

INFO

Anreise: In Aarau halten die Interregios Zürich–Bern, Basel–Chur und die CN Genf–St. Gallen. **Fahrplanfelder:** 642, 643, 644. **Streckenlänge:** 14 km nach Schöftland, 30 km nach Menziken-Burg. **Fahrzeit:** 20 min bis Schöftland, 39 min bis Menziken-Burg. **Reservierungen:** nur für Gruppen. **Verkehrszeiten:** das ganze Jahr im Halbstundentakt. **Besonderes:** Für Gruppenreisen steht der Salonwagen Bse 4/4 zur Verfügung. **Spurweite:** 1.000 mm.

Triebfahrzeuge: Die WSB verfügt über insgesamt 35 Triebfahrzeuge, davon sieben moderne Niederflur-Gelenktriebwagen. Ferner stehen 18 Personentriebwagen vom Typ Be 4/4 im Einsatz. Es gibt aber auch vier Gütertriebwagen der Baureihe De 4/4.

Info: WSB 051 229 73 50, www.aar.ch

Mittelland: RM

Weites grünes Hügelland – die Reise führt durch Jeremias Gotthelfs Heimat. Foto: Ronald Gohl

Roter Zug im grünen Hügelland

Regionalverkehr Mittelland (RM) nun Teil der BLS AG

Fast wie die Beine einer Spinne breitet sich auf der Schweizer Karte das 167,3 km lange Streckennetz des Regionalverkehr Mittelland (RM) aus. Noch vor einigen Jahren bestand das Unternehmen aus drei Gesellschaften: der Emmental–Burgdorf–Thun-Bahn (EBT), der Vereinigten Huttwil-Bahnen (VHB) und der Solothurn–Münster-Bahn (SMB). Die drei Regionalbahnen fusionierten Ende Juni 1997 bei der Generalversammlung – doch schon viele Jahre zuvor bildeten die einzelnen Unternehmen eine Betriebsgemeinschaft.

Seit Juni 1998 ist der RM auch Teil der S-Bahn Bern. Seit Juni 2006 gehört der RM zur BLS-AG, so dass die rot-weißen Pendelzüge auf vielen Linien der S-Bahn Bern zu setzen sind, vorwiegend natürlich auf den alten Stammstrecken S4 und S44, sowie zwischen Burgdorf und Thun.

Die 1881 von der Emmentalbahn eröffnete Verbindung Burgdorf–Langnau wurde 1932 elektrifiziert. Auf der Reise von Burgdorf nach Langnau verläuft die Emme parallel zur S-Bahn. Ab und zu taucht eine schöne Holzbrücke auf, die unschönen Fabriken von Lützelflüh sichern zahlreiche Arbeitsplätze der Umgebung. Bei Obermatt fließt die Ilfis in die Emme und das RM-Gleis mündet in die SBB-Strecke Bern–Luzern.

Als besonderer »Leckerbissen« lässt sich das Emmental, die Wirkungsstätte des Heimatdichters Jeremias Gotthelf (1797–1854), auch mit dem Dampfzug erfahren. Beim RM kommen zwei Feuerbüchsen zum Einsatz: die Ed 3/4 Nr. 11 aus dem Jahre 1908 und die BR 64 Nr. 518 mit Baujahr 1941.

Mittelland: RM

Eine der schönsten Reisen mit dem RM führt von Wolhusen im Entlebuch über Huttwil und Ramsei nach Burgdorf. Dort fährt man weiter über Solothurn und den Weissenstein-Tunnel bis nach Moutier im Jura.

Das grüne Hügelland im Emmental lädt zu Reiseunterbrechungen ein. Huttwil ist Ausgangspunkt für eine Besteigung des Napf, mit 1.407 m ü. M. die höchste Erhebung zwischen Luzern und Bern. In Dürrenroth könnte man eine Biketour nach Oberwald unternehmen. Ganz in der Nähe der stillgelegten Station Affoltern-Weier gibt es eine große Schaukäserei, die keine Fragen offen lässt, erklärt wird z.B. wie die Löcher in den Emmentaler Käse kommen. In Sumiswald-Grünen steigt man auf Rössli-Wagen um, die einem zum »Buurezmorge« (nur für Gruppen) bringen. Huttwil ist Ausgangspunkt für eine Trottinett-Abfahrt vom Ahorn – auch für Einzelreisende, die für die Bergfahrt den PubliCar bestellen.

INFO

Anreise: Wolhusen wird mit dem BLS-RE Bern–Luzern erreicht. **Fahrplanfelder:** 350 (Wolhusen–Huttwil) und 341 (Huttwil–Ramsei), 343/330 (Ramsei–Burgdorf–Solothurn), 331 (Solothurn–Moutier). **Streckenlänge:** 129 km pro Weg. **Fahrzeit:** 2 h 11 min bis Moutier, hinzu kommen die Wartezeiten beim Umsteigen. **Reservierungen:** nur für Gruppen. **Verkehrszeiten:** das ganze Jahr, teilweise im Stundentakt. **Besonderes:** mehrmals umsteigen. **Spurweite:** 1.435 mm.

Triebfahrzeuge: Zum Triebwagenbestand der BLS-AG steuert der ehemalige RM insbesondere RBDe 566 (Baujahr 1973–1985) und die neuen GTW von Stadler bei.

Info: RM 034 424 50 00, www.regionalverkehr.ch

Ehemaliger Bahnknoten und Betriebsmittelpunkt Huttwil: Von hier fuhren Regionalzüge in drei Richtungen.
Foto: Ronald Gohl

Mittelland: Bern–Solothurn

Die neuen Niederflur-Gelenktriebwagen des RBS sind 56 m lang. Foto: ADtranz

Komfortable Pendelzüge

Regionalverkehr Bern–Solothurn (RBS)

Der Regionalverkehr Bern–Solothurn (RBS) ist Bestandteil der Berner S-Bahn, obwohl seine vier Linien SE/J (Bern–Solothurn), W (Worb-Dorf–Bolligen–Bern), G (Worb-Dorf–Bern-Zytglogge) und Z (Unterzollikofen–Bern) der schmalen Spur angehören. Im Bahnhof von Bern hat der RBS sogar einen »eigenen« unterirdischen U-Bahnhof, die so genannte »Berner Metro«. Während den ersten Minuten Fahrt gehts von Bern aus auch wirklich durch einen der U-Bahn ähnlichen Tunnel, bis der Zug unterhalb der Inneren Enge ans Tageslicht kommt. Wer hier auf der rechten Seite sitzt, genießt den Blick auf die Aare. Weiter gehts über Tiefenau nach Zollikofen, wo der RBS-Zug sogar ein kurzes Stück parallel zum »großen Bruder« – der SBB – fährt.

In den Jahren 1993–95 nahm der RBS acht neue, besonders komfortable Triebwagen der Baureihe ABe 4/12 in Betrieb. Diese bestehen teilweise aus Niederflurabteilen und großen Panoramafenstern. Auch der Innenraum ist sehr modern gestaltet. Die Fahrzeuge wurden von der ehemaligen Waggonfabrik Schindler vollständig neu entwickelt. Die vier Eingänge mit breiten Flügeltüren liegen nur noch 39 cm über den Schienen. Drei Vorortbahnen, der Regionalverkehr Bern–Solothurn (RBS), die Bremgarten–Dietikon-Bahn (BD) und die Wynental- und Suhrentalbahn (WSB) bestellten insgesamt 23 Einheiten der neuen Niederflur-Triebzüge. Dadurch konnte der Preis für eine Komposition auf fünf Millionen Franken gesenkt werden. Weil derart moderne Züge auch zeitgemäß gewartet werden müssen, investierte der RBS noch zusätzliche 4,5 Millionen in die Erweiterung der Werkstätte Solothurn. Moderne Technik aber auch für das fahrende Personal: Wie bei der Re 460 (Lok 2000) verfügt der Lokführer über

Mittelland: Bern–Solothurn

eine Bildschirm-Anzeige. Die Reise geht weiter über Jegenstorf durch eine sehr ländliche und idyllische Umgebung – immer weiter nordwärts nach Solothurn am Jurasüdfuß. Für die 33,6 km lange Strecke benötigt der Zug gerade mal 40 Minuten. Würde man die gleiche Strecke zu Fuß zurücklegen, müsste man mit neun Stunden Wanderzeit rechnen. Tatsächlich gibt es auch einen Weg entlang der Bahnlinie. Er führt zwar nicht immer exakt dem Bahngleis entlang, erschließt aber eine sehenswerte Region im Mittelland. Selbstverständlich kann man die Strecke auch etappenweise abwandern. Ein schöner, zweistündiger Spaziergang führt zum Beispiel von Zollikofen über das Seminar Hofwil, das Naturschutzgebiet um den kleinen Moossee und über das Bauerndorf Wiggiswil nach Jegenstorf. Wer hier noch nicht müde ist, könnte über Grafenried, Büren zum Hof und Schalunen nach Bätterkinden weitermarschieren (ca. drei Stunden). Unterwegs gibt es viele gemütliche Landbeizli und sommerliche Biergärten.

Nostalgiefreunde kommen übrigens beim RBS auch auf ihre Kosten. Eine kleine Dampflok mit dem Namen »Feuriger Elias« und der nostalgische Elektrotriebwagen CFe 4/4 Nr. 11 (Baujahr 1916) werden auch für öffentliche Fahrten eingesetzt.

INFO

Anreise: Bern wird mit EC, ICE und IC von Basel, Zürich, Lausanne und Interlaken/Brig aus erreicht. **Fahrplanfeld:** 290. **Streckenlänge:** 33,6 km pro Weg. Fahrzeit: 37 min je Fahrtrichtung. **Reservierungen:** nicht möglich. **Verkehrszeiten:** das ganze Jahr, Dampffahrten an Sonntagen zwischen Mai und Oktober (vorher informieren). **Besonderes:** S-Bahn Bern, Linien SE/J. **Spurweite:** 1.000 mm.

Triebfahrzeuge: Das Rückgrat des Personenverkehrs bilden die Niederflur-Gelenktriebwagen des Typs ABe 4/12. Sie sind 56 m lang und 80 t schwer. Recht häufig trifft man auch die orangen, 40 m langen Triebwagen der Baureihe Be 4/8 Nr. 41–61 (Baujahre 1974–78). Davon sind 21 Einheiten im Einsatz.

Info: RBS 031 925 55 55, www.rbs.ch

Vielfalt auf Schienen: 19 verschiedene Triebfahrzeuge beim RBS. Foto: Vally Gohl

Mittelland: SNB

Die SNB fährt über sieben Brücken und bedient 14 Haltestellen. *Foto: Ronald Gohl*

»Bipperlisi« und ihre 750.000 Reisenden

Solothurn–Niederbipp-Bahn (SNB)

Jedes Jahr benutzen eine Dreiviertelmillion Personen die orangefarbenen Schmalspurzüge der Solothurn–Niederbipp–Bahn (SNB), die am 9. Januar 1998 ihr 80-jähriges Bestehen feierte. Die »Bipperlisi«, wie sie von ihren Benutzern gern genannt wird, hat eine bewegte Geschichte hinter sich. Wegen des Ausbruchs des Ersten Weltkrieges dauerte die Fertigstellung der nur 14,5 km langen Strecke zwischen den Kantonen Solothurn und Bern vier Jahre. Bis in die Fünfzigerjahre wurde dann die Einstellung der Bahn mehrfach erwogen, weil das Unternehmen mit großen finanziellen Problemen zu kämpfen hatte. Seite 1999 gehört die SNB zur Aare Seeland Mobil AG und befördert ungefähr gleich viele Reisende pro Jahr wie im ersten Betriebsjahr. Über 50% ihres Ertrages erwirtschaftet die Bahn aus dem Güterverkehr. Zu diesem Zweck wurde im Jahre 1969 schließlich noch ein drittes Normalspur-Gleis zwischen Oberbipp und Niederbipp installiert. Die SNB beschaffte ihre orangefarbenen Triebwagen 1966–1978 zusammen mit dem RVO, die seite 2008 nach und nach durch dunkelrote Stadler-Tw vom Typ "STAR" ersetzt wurden.

INFO

Anreise: Solothurn liegt an der Strecke Zürich–Olten–Biel. Fahrplanfeld: 413. **Streckenlänge:** 14,5 km bis Niederbipp. Fahrzeit: 25 min bis Niederbipp. **Reservierungen:** nur für Gruppen. **Verkehrszeiten:** meist im Halbstundentakt. **Besonderes:** oft nur ein Triebwagen im Einsatz. **Spurweite:** 1000 mm.

Triebfahrzeuge: Vier Be 4/4 Nr. 301–304 (Baujahre 1966–78), ein De 4/4 Nr. 321 von 1912 und eine Em 3/3 Nr. 326 (Baujahr 1965) und Be 4/8 110–112 (Bj 2008).

Info: Aare Seeland Mobil AG 062 919 19 19, www.aare-seeland-mobil.ch

Mittelland: BTI

Wirkt etwas eckig und ohne ausgewogenes Farbdesign: der neue Be 2/6 der BTI. Foto: Stadler Fahrzeuge AG

Die Seeländische Lokalbahn

Biel–Täuffelen–Ins-Bahn (BTI)

Diese moderne, leistungsfähige Vorortbahn wurde kurz nach dem Ersten Weltkrieg als SLB-Zug (Seeländische Lokalbahn) eingesetzt. Um wertvolles Kulturland zu schonen, legte man anfänglich das Gleis auf rund elf Kilometern teilweise in die Staatsstraße – mit dem Gedanken, dass diese Bahn irgendwann wieder verschwinden sollte. Erst das Ausbleiben der Autokonkurrenz während des Zweiten Weltkriegs führte zur Gründung der BTI im Jahre 1945, welche durch die Gemeinden und den Kanton Bern unterstützt wurde. Sie gilt als eine der jüngsten Privatbahnen in der Schweiz. Die Trennung von Straße und Bahn ist heute vollzogen und die BTI verbindet die am stärksten industrialisierten Siedlungen des Kantons. Die Stadt Biel ist Ausgangspunkt einer Reise mit der BTI. Sie führt im Halbstundentakt über den Nidau-Büren-Kanal, entlang der idyllischen Landschaft des Bieler Sees und vorbei an Bauernhöfen zum Ziel in Ins.

> **INFO**
>
> **Anreise:** Biel erreicht man in knapp 30 min von Bern aus. Von Basel sind es etwa 1 h 30 min mit dem ICN. **Fahrplanfeld:** 261 **Streckenlänge:** 20,1 km. **Fahrzeit:** ca. 35 min. **Reservierungen:** nur für Gruppen. **Verkehrszeiten:** das ganze Jahr. **Besonderes:** 1998 wurden die beiden letzten von sechs Stadler-Niederflur-Gelenktriebwagen der BTI übergeben. Mit den neuen Triebwagen lässt es sich bei höchstem Fahrkomfort zu Spitzengeschwindigkeiten reisen. **Spurweite:** 1.000 mm.
>
> **Triebfahrzeuge:** Die BTI verfügt über 14 Triebfahrzeuge, davon sechs Gelenktriebwagen (GTW), ein Buffettriebwagen, zwei Dieseltraktoren und ein Ersatzmodul für den GTW.
>
> **Info:** Bahnhof Täuffelen 032 396 04 30, www.aare-seeland-mobil.ch

Seetalbahn: SBB

Die neuen viergliedrigen Gelenktriebwagen von Stadler verkehren auf der Seetallinie. Foto: Stadler

Im Wandel der Zeit

Seetalbahn (SBB)

Von einem arbeitslosen Ingenieur gebaut, von den Geldgebern als »verrückte Idee« bezeichnet, alsbald ein florierendes Unternehmen, später das Aschenbrödel aller SBB-Linien, heute Vorzeigestück der neuen Regionalbahn – die Seetallinie zwischen Lenzburg und Luzern präsentierte sich im Laufe der über hundertjährigen Geschichte ziemlich wechselhaft. Lange Zeit war die Strecke wegen ihrer häufigen Unfälle berüchtigt, noch in den 1990er Jahren sollte deren Einstellung beschlossen werden. Mit 17 schnittigen und komfortablen viergliedrigen Gelenktriebwagen von Stadler hat die SBB-Strecke im Jahre 2002 einen eigentlichen Jungbrunnen erlebt. Die Komplettsanierung, also die Trasse weg von der Straße neu zu verlegen, wurde nur abschnittsweise vollzogen. Stattdessen sollen Drehleuchten an den Bahnübergängen, schmälere Fahrzeuge und ein besseres Bremsvermögen weniger Unfälle zwischen Auto und Bahn verursachen. Südlich von Hochdorf fahren noch Güterzüge mit Re 4/4^{II} auf der straßenbahnähnlich trassierten Strecke.

Auf jeden Fall führt die Seetallinie durch eine landschaftlich reizvolle Gegend, entlang dem Hallwiler und Baldegger See zu Burgen und lieblichen Dörfern.

INFO

Anreise: Lenzburg liegt an der InterCity-Strecke Bern–Zürich, es halten jedoch nur InterRegios. **Fahrplanfeld:** 651. **Streckenlänge:** 47 km bis Luzern. **Fahrzeit:** 1 h 20 min. **Reservierungen:** nicht möglich. **Verkehrszeiten:** das ganze Jahr im Stundentakt. **Besonderes:** Selbstkontrolle, kein Billeteur im Zug. **Spurweite:** 1.435 mm.

Triebfahrzeuge: 17 schlanke Gelenktriebwagen Typ RABe 520 (35 cm schmäler als der Normalspur-GTW bei der Thurbo AG)

Info: Rail-Service 0900 300 300 (Fr. 1.19/Min.), www.sbb.ch

Alpen: LSE

BDeh 4/4 Nr. 2 fährt bei Engelberg-Niederberg talwärts in Richtung Boden.   *Foto: Roger Haueter*

Steile Rampe vor dem Klosterdorf stillgelegt

Luzern–Stans–Engelberg-Bahn (LSE, heute zb)

Wer schon einmal mit der Bahn von Luzern nach Engelberg gefahren ist, erinnert sich mit Sicherheit an den steilen Streckenabschnitt zwischen Obermatt und Boden. Hier klettert der Zug über die 246‰ steile Trasse bergauf – das ist für Bahnen mit gemischtem Adhäsions- und Zahnradantrieb eher ungewöhnlich. Die Luzern–Stans– Engelberg-Bahn (LSE), die heute nach der Fusion mit der Brünigbahn als Zentralbahn (zb) fimiert, hat ihre Bergstrecke entschärft. Ein 4 km langer Tunnel mit nur noch 105‰ Steigung zwischen Grafenort und Boden ermöglicht seit Dez. 2010 den Betrieb mit langen Zügen, die von einer Zahnradlok der Serie 101 hinauf gezogen werden. Auf dem ersten Streckenabschnitt zwischen Luzern und Hergiswil benutzen Brünigbahn und LSE eine gemeinsames Schmalspur-Trasse. Danach trennen sich die Wege. Die LSE fährt über Stansstad – dort befand sich bis 1964 der Ausgangspunkt der Bahn – ins Klosterdorf Engelberg (1.000 m ü. M.), das sich inmitten der Zentralschweizer Alpen befindet.

> **INFO**
>
> **Anreise:** Luzern erreicht man mit direkten Zügen von Bern, Basel und Zürich aus. **Fahrplanfeld:** 480. **Streckenlänge:** 34 km pro Weg. Fahrzeit: 58 min bis Engelberg. **Reservierungen:** nur für Gruppen. **Verkehrszeiten:** das ganze Jahr. **Besonderes:** An Sonntagen während der Hochsaison verkehrt der Titlis-Express ohne Halt bis Engelberg. **Spurweite:** 1.000 mm.
>
> **Triebfahrzeuge:** Gemeinsamer Fahrzeugpool mit der Brünigbahn. die Bergstrecke wird von Pendelzügen bedient.
>
> **Info:** 0512288585, www.zentralbahn.ch

Alpen: MIB

Be 4/4 Nr. 8 fährt im September 1996 von Meiringen in Richtung Aareschlucht. Foto: Ronald Gohl

Kraftwerksbahn mit Personenverkehr

Meiringen–Innertkirchen-Bahn (MIB)

Zuhinterst im Aaretal, wo die SBB-Brünigbahn in Meiringen ihre Lokomotiven wechselt, ist das Eisenbahnland noch nicht zu Ende. Hier hat die Meiringen–Innertkirchen-Bahn (MIB) ihren Ausgangspunkt – und zwar hinter dem SBB-Bahnhof der Zentralbahn obwohl beide Linien über eine Spurweite von 1.000 mm verfügen. Die Bahn diente ursprünglich dem Bau der Grimselkraftwerke. Zu diesem Zweck wurden zwei Dampflokomotiven der Rhätischen Bahn beschafft. Die Weiterführung der Strecke bis Guttannen konnte nie verwirklicht werden. Es besteht jedoch auf diesem Abschnitt eine unterirdische Stollenbahn, die in besonders strengen Wintern ausnahmsweise auch für den Personentransport eingesetzt werden kann. Die fünf Streckenkilometer führen von Meiringen nach Innertkirchen, dabei wird die Aareschlucht in einem Tunnel unterquert. Eine Fahrt mit der MIB kann man also ideal mit einer Wanderung durch die weltberühmte Schlucht verbinden. Dabei hat man sicher auch Gelegenheit, die Triebfahrzeuge der MIB etwas genauer unter die Lupe zu nehmen.

INFO

Anreise: Nach Meiringen kommt man mit der Brünigbahn von Luzern aus oder via Bern und Interlaken Ost. **Fahrplanfeld:** 474. **Streckenlänge:** 5 km pro Weg. **Fahrzeit:** 10 min bis Innertkirchen MIB. **Reservierungen:** nur für Gruppen. **Verkehrszeiten:** das ganze Jahr. **Besonderes:** Eigentümer sind die Kraftwerke Oberhasli (KWO). **Spurweite:** 1.000 mm.

Triebfahrzeuge: Ein Be 4/4 Nr. 8, ein Bem 4/4 Nr. 6 und ein Be 4/4 Nr. 9 (ex RBS).

Info: MIB 033 982 20 11, www.rail-info.ch/MIB

Alpen: BOB

Kletterpartie auf der Grindelwaldner Strecke zwischen Stalden und Burglauenen.   *Foto: Ronald Gohl*

Zwei komplette, zusammengekoppelte Züge

Berner Oberland-Bahnen (BOB)

Der große Bahnhof von Interlaken Ost gehört nicht der Zentralbahn, die von Luzern und Meiringen her mit der Brünigbahn hier einfährt, auch nicht der BLS, welche die IC-Strecke Thun–Interlaken bedient – sondern den Berner Oberland-Bahnen (BOB). Sie fahren von Interlaken in die Lütschinentäler nach Lauterbrunnen und Grindelwald, in Zweilütschinen gabelt sich die Linie. Diese hat ihre Spezialität – fahren doch zwei komplette, zusammengekoppelte Züge bis Zweilütschinen, dort werden sie getrennt. Der vordere Teil fährt nach Grindelwald, der hintere nach Lauterbrunnen. Wie andere Gebirgsbahnen hat auch die BOB bei Eisenbahnfans im In- und Ausland viel Beachtung erlangt. Die Strecke für gemischten Adhäsions- und Zahnradbetrieb führt an landschaftlich interessanten Schaustücken vorbei. Fotofans aufgepasst: Die Lütschinentäler bieten vor allem im Sommer lohnende Standorte. Im Winter liegt dort hingegen oft monatelang Schatten.

INFO

Anreise: Interlaken Ost erreicht man entweder von Zürich via Bern und Thun oder man benutzt die Brüniglinie von Luzern über Meiringen. Fahrplanfelder: 311 und 312. **Streckenlänge:** 23,6 km (ganzes Netz). **Fahrzeit:** 20 min bis Lauterbrunnen, 34 min bis Grindelwald. **Reservierungen:** nur für Gruppen. **Verkehrszeiten:** das ganze Jahr, während der Spitzenzeiten im Halbstundentakt. **Besonderes:** respektable Steigung von bis zu 12%. **Spurweite:** 1.000 mm.

Triebfahrzeuge: Zwei historische Lokomotiven des Typs HGe 3/3 Nr. 24 und 29, zwei ABDeh 4/4 Nr. 302 und 303, fünf ABeh 4/4 I Nr. 304–310, drei ABeh 4/4 II Nr. 311–313, ein Tm 2/2 Nr. 1 und eine HGm 2/2 Nr. 31.

Info: BOB 033 828 71 11, www.jungfrau.ch

Alpen: BLS

Lötschberg wie aus dem Bilderbuch: die Ae 6/8 Nr. 205 bei Blausee-Mitholz. Foto: BLS-Lötschbergbahn

Alptransit-Monopoly

BLS Lötschbergbahn AG

Die BLS Lötschbergbahn AG ist nicht »irgendeine« Privatbahn, sondern der wohl wichtigste Konkurrent der SBB. Sie betreibt nicht nur die Alpentransversale über den Lötschberg sondern auch einige weitere Strecken, z.B. durchs Simmental, durchs Gürbetal, nach Schwarzenburg oder zwischen Bern und Neuchâtel. Genau so wie das Emmentaler Netz nach der Fusion mit RM. Herzstück der Berner Alpenbahn ist natürlich der Lötschberg, der im Jahre 1913 in Betrieb ging. Seither ist die Strecke mehrfach ausgebaut worden, zuletzt durch Hinzufügung einer Doppelspur und durch die teilweise Absenkung der Trasse in den Tunnels, um auf der Achse Basel–Domodossola den Huckepacktransport von Lastwagen mit einer Eckhöhe von vier Metern zu ermöglichen. Der 2007 eröffnete Lötschberg-Basistunnel gehört ebenfalls der BLS. Überhaupt ist die BLS Lötschbergbahn AG im Güterverkehr sehr aktiv. Zu den großen »Playern« in diesem Geschäft zählt die Deutsche Bahn AG, sie hat mit der BLS Lötschbergbahn AG einen Kooperationsvertrag unterzeichnet. Mit der BLS Cargo AG ist das Unternehmen der SBB im Güterverkehr eine Nasenlänge voraus. Für den grenzenlosen Lokverkehr kommen neben den zehn neuen BLS Re 485 auch 25 Lokomotiven der Baureihe 185 von DB Cargo, ausgerüstet mit einem »Schweiz-Paket«, zum Einsatz. Europaweit bestehen mit den neuen Rahmenbedingungen (freier Netzzugang, Liberalisierung) große Potentiale, die eine internationale Zusammenarbeit erfordern. Im Untergestell und im Maschinenraum ist daher Platz für unterschiedliche Zugsicherungssysteme. Die Anzeigen (LZB oder ETCS, je nach Wahl) erfolgen im Füherstand über ein Display. Während die BLS AG beim Güterverkehr auch auf den eigenen Strecken in Konkurrenz insbesondere mit dem SBB steht, ist der Kuchen im Personenverkehr bereits aufgeteilt. SBB fahren alle Fernzüge über (oder besser durch) den Lötschberg. Im Gegenzug

Alpen: BLS

stellt die BLS die Fahrzeuge für die gesamte normalspurige S-Bahn rund um Bern.

Die BLS ist mehr als nur der Lötschberg. Bereits 1893 nahm die Thunerseebahn (TSB) ihren Betrieb zwischen Scherzligen und Därligen auf. Die einst selbstständige Bödelibahn Därligen–Interlaken–Bönigen reicht sogar bis ins Jahr 1869 zurück. Heute ist bei Interlaken Ost Endstation, bis 1969 fuhren die Züge aber noch bis an den Brienzer See bei Bönigen. Wegen des schlechten Zustands der Strecke wurde dieser Teil aber abgebrochen. Nur noch die Dienstgleise führen heute bis zur BLS-Werkstätte in Bönigen. Auf dem Stumpfgleis bei der Lütschinenbrücke ist Endstation.

Innovativ zeigen sich die BLS auch im Fahrzeugbau. Das Unternehmen verfügte mit den Ae 4/4 Nr. 251 und 252 (Baujahr 1944) nicht nur über die ersten Drehgestelllokomotiven der Schweiz, mit dem NINA-Konzept setzen sie auch Akzente im Regional- und S-Bahn-Verkehr. Die neuen Triebwagen des Typs RABe 525 und 535 bestechen vor allem durch gute Einstiegsverhältnisse für Reisende und bieten dank des Verzichts auf abgschlossene Abteile eine gute Sicht durch die gesamte Wageneinheit. Die schönsten modernen Lokomotiven bleiben aber die 18 blauen Re 465. Fast baugleich mit den SBB 460 ziehen sie Reise- und Güterzüge.

INFO

Anreise: Bern ist Drehscheibe der BLS-Aktivitäten, die Bundeshauptstadt wird mit dem IC von Zürich, Basel und Lausanne erreicht. **Fahrplanfelder:** 220, 260, 270, 285, 300, 310 und 320. **Streckenlänge:** 449 km (ganzes Netz). **Fahrzeit:** je nach Fahrziel unterschiedlich. **Reservierungen:** nur für Gruppen. **Verkehrszeiten:** das ganze Jahr. **Besonderes:** Flügelzugkonzept mit den »Lötschberger« Bern–Kandersteg–Brig mit Zugteil nach Zweisimmen. **Spurweite:** 1.435 mm.

Triebfahrzeuge: Große Fahrzeugvielfalt mit Lokomotiven und Triebwagen, z.B. 20 Re 485 und 10 RE 486 BLS Cargo, 18 blaue Re 465 001–018, 35 braune Re 425 161–195 und (leider nicht mehr im Planeinsatz), zwei Doppellokomotiven Ae 485 273 und 275, vier Ae 4/4 Nr. 251–258 und als historisch wertvoll die Ce 6/8 Nr. 307 und Ae 6/8 Nr. 205.

Info: BLS 031 327 27 27, www.bls.ch

Der erste NINA-Triebzug RABe 525 im Dezember 1998 – noch in den alten Farben. Foto: BLS Lötschbergbahn

Alpen: BVZ

Von den Rebbergen zu den Gletschern: 927 Höhenmeter auf 44 km. Foto: Vally Gohl

Die Reise zum Matterhorn

BVZ-Zermattbahn

Die BVZ ist eine der klassischen Touristenbahnen der Schweiz. In vollklimatisierten Panorama- oder Nostalgiewagen werden die Passagiere von Brig bis hin zum ewigen Eis geführt.

Die Schienen der Zermattbahn ziehen sich entlang der Rebberge, Äcker, Wiesen und Berghänge; somit bietet sich den Mitreisenden eine unvergleichbare Aussicht. Bei diesem gewaltigen Naturschauspiel ist nicht nur das Matterhorn, sondern auch der Weg dorthin bereits die Reise wert.

Aus wagemutigen und geschickten Konzessionsverhandlungen hervorgegangen, von Anfang an auf der bestmöglichen Trasse erbaut, gefördert durch den immer größer werdenden Drang nach den Bergen und unterstützt durch gewandte Leitung, stellt sich diese Linie heute an die Spitze der erfolgreichsten Bergbahnen der Welt.

Die gesamte 44 km lange Linie von Brig über Visp bis nach Zermatt wurde 1930 in Betrieb genommen. Sie fusionierte 2003 mit der Furka-Oberalp-Bahn zur Matterhorn-Gotthard-Bahn (MGB) mit Sitz in Brig.

> **INFO**
>
> **Anreise:** Von Bern und Thun durch den Lötschbergtunnel. Von Lausanne durchs Rhônetal. **Fahrplanfeld:** 140. **Streckenlänge:** 44 km pro Weg, davon 8,9 km mit Zahnrad. **Fahrzeit:** 1 h 21 min von Brig bis Zermatt. **Reservierungen:** fakultativ. **Verkehrszeiten:** ganzjährig, seit 1982 wird auch ein Glacier-Express ganzjährig geführt. **Besonderes:** Die Bahn fährt über 39 Brücken, durch acht Lawinengalerien und Tunnels – Fusion mit FO im Jahre 2003. **Spurweite:** 1.000 mm.
>
> **Triebfahrzeuge:** Die MGB setzt 22 elektrische Lokomotiven, 23 elektrische Triebwagen, 18 Thermische Triebfahrzeuge und eine Dampflok von 1906 ein.
>
> **Info:** MGB: 92 79 27 77 77, www.mgbahn.ch

Alpen: FO

Nach Andermatt bezwingt der Zug in vier Kehren den über 2.000 m hohen Oberalppass.
Foto: Furka-Oberalp-Bahn

Von Schluchten und Pässen

Furka–Oberalp-Bahn (FO)

Ebenfalls zur MGB gehört, seit 2003 die ehemalige Furka–Oberalp-Bahn (FO), die neben der Rhätischen Bahn die wohl die spektakulärsten Strecken der Schweiz bietet. Das 100,5 km lange Netz dehnt sich von Brig im Oberwallis über Andermatt im Kanton Uri bis nach Disentis in Graubünden aus. In Brig besteht Anschluss an das Schmalspurnetz der Zermattbahn (inzwischen Fusion von BVZ und FO), in Disentis an jenes der Rhätischen Bahn (RhB). Von Andermatt führt ein steiler Zahnstangenabschnitt durch die Schöllenenschlucht nach Göschenen hinunter (dort umsteigen auf die SBB-Normalspurzüge, durch den Gotthard ins Tessin oder durch das Reußtal nach Erstfeld und Arth-Goldau). Die Schöllenenbahn, ursprünglich eine eigenständige Gesellschaft, fusionierte im Jahre 1961 mit der FO.

Auch 1982 schrieb die Furka–Oberalp-Bahn Geschichte, als der einspu-

INFO

Anreise: Brig erreicht man via Bern und Spiez über den Lötschberg, von Lausanne besteht durchs Rhônetal IR-Verbindung. **Fahrplanfeld:** 610. **Streckenlänge:** 96,7 km Brig–Disentis, 3,8 km Andermatt– Göschenen. **Fahrzeit:** 3 h 03 min bis Disentis, 15 min durch die Schöllenenschlucht. **Reservierungen:** Glacier-Express obligatorisch. **Verkehrszeiten:** das ganze Jahr. **Besonderes:** Fusion mit BVZ im Jahre 2002. **Spurweite:** 1.000 mm.

Triebfahrzeuge: Die Triebfahrzeuge der FO wurde seit 2003 gemeinsam mit denjenigen der ehemaligen BVZ eingesetzt (s. Seite 140). Fast alle Loks haben einen Zahnradantrieb für die insgesamt 32 km Zahnradabschnitt die über das gesamte, 144 km lange Netz verteilt sind.

Info: MGB 92 79 27 77 77, www.mgbahn.ch

Alpen: FO

rige, 15,5 km lange Furka-Basistunnel in Betrieb genommen wurde. Das Bauwerk verschlang viele Millionen und wurde zum Politikum. Die Ausbuchtung nach Süden wurde realisiert, um später eine Abzweigung ins Bedrettotal zu erstellen. Mitten im »Furkaloch« gibts eine unterirdische Kreuzungsstelle, also keine Sorge, wenn der Zug plötzlich einmal im Dunkeln hält.

Früher führte die Strecke über den Furkapass. Diese Linie war jedoch nicht wintertauglich, so dass das Wallis jeweils zwischen November und April von der Zentralschweiz abgeschnitten war. Seit der Eröffnung des Tunnels hat die FO nicht viel von ihrer touristischen Attraktivität eingebüßt. Schon die Fahrt durch das Goms ist eine Reise wert, den Höhepunkt bildet aber zweifellos die Überquerung des Oberalppasses. Dieser wird auf der Seite von Andermatt mittels atemberaubender Serpentinen bezwungen. Die Strecke führt bis zum Hospiz auf 2.044 m ü. M. Auf der Bündner Seite gehts dann weniger spektakulär durch zahlreiche Lawinengalerien talwärts. Die besten Plätze sind übrigens zwischen Brig und Disentis in Fahrtrichtung rechts. Angetroffen werden so berühmte Züge wie der Glacier-Express, der auch mit Panoramawagen geführt wird. Die FO verfügt über einen interessanten Rollmaterialpark, darunter acht moderne Thyristor-Zahnradlokomotiven vom Typ HGe 4/4 II Nr. 101–108. Daneben gibts aber auch ganz kuriose Schienenfahrzeuge wie den gelben Ta 2/2 mit der Nummer 4982.

Mit der neuen Depotwerkstätte in Brig-Glis nahm die Furka–Oberalp-Bahn im Dezember 1998 eine der modernsten Anlagen dieser Art in Betrieb. Überbaut wurde dabei ein Areal von 48.000 m². 6,2 km Gleise befinden sich allein auf dem Depotgelände – manche eigenständige Privatbahn verfügt über weniger Streckenkilometer. Die Ingenieure der Anlage wurden unter anderem auch von den ICE-Wartungsanlagen in Hamburg, München und Berlin inspiriert. Viele Wartungsabläufe entstammen dem Prinzip dieser hochmodernen Betriebe.

Faszinierende Landschaften und kühne Viadukte zwischen Brig, Andermatt und Disentis.
Fotos: Furka–Oberalp-Bahn

Alpen: Rhätische Bahn

Schnellzug ins Engadin mit Ge 4/4 III Nr. 648 im Val Bever.   *Foto: Roger Haueter*

Natur pur auf Schmalspur

Die RhB wird zum Weltkulturerbe

Im Jahre 1886 ergriff der eingewanderte Holländer Jan Willem Holsboer die Initiative und legte ein Projekt für eine Schmalspurbahn im Schweizer Kanton Graubünden vor. Sein Plan war, eine Verbindung zwischen dem Schweizer Normalspurnetz und der italienischen Nachbarschaft zu realisieren. Bereits 1890 verkehrten die ersten Züge zwischen Landquart und Davos und heute präsentiert sich das Unternehmen als zukunftsorientierte Bahn, welche mit 397 Streckenkilometern nicht nur das größte zusammenhängende Schmalspurnetz der Schweiz, sondern von ganz Europa aufweist. Als ausgesprochene Gebirgsbahn umfasst die Rhätische Bahn (RhB) 493 Brücken mit einer Gesamtlänge von 12,1 km und 119 Tunnels mit einer Gesamtlänge von 61,5 km. Praktisch ein Zwanzigstel des Streckennetzes verläuft im Berg.

> **INFO**
>
> **Anreise:** Chur wird von EC und IC via Basel und Zürich erreicht, von St. Gallen besteht durchs Rheintal eine RE-Verbindung. **Fahrplanfelder:** 910 bis 960. **Streckenlänge:** 397 km. **Fahrzeit:** gemütliches Reisen auf dem ganzen Streckennetz (z.B. Chur–Tirano ca. 5 h oder Chur–St. Moritz ca. 2 h). **Reservierungen:** teilweise möglich oder sogar obligatorisch (Bernina-Express). **Verkehrszeiten:** Das ganze Jahr, während der Spitzensaison werden Züge teilweise mehrfach geführt. **Besonderes:** Die Albula- und die Berninabahn wurden am 7. Juli 2008 in die UNESCO-Welterbeliste aufgenommen. Die Lokdienste stehen Eisenbahnfreunden im Internet zur Verfügung. **Spurweite:** 1.000 mm.
>
> **Triebfahrzeuge:** Auf dem gesamten Streckennetz der RhB werden 54 Elektroloks, 40 Triebwagen, 58 Traktoren und Dienstfahrzeuge sowie drei Dampfloks eingesetzt.
>
> **Info:** RhB 081 288 43 40, www.rhb.ch

Der längste Tunnel, der Vereinatunnel, liegt zwischen Klosters und Sagliains (Linie Landquart–Scuol) mit einer Länge von 19.048 m – seines Zeichens der längste Schmalspurtunnel der Welt. Die Innentemperatur im Tunnel beträgt während des ganzen Jahres 16 Grad.

Alpen: Rhätische Bahn

Die zahlreichen Schleifen und Kehrtunnels auf dem Netz der RhB stellen hohe Anforderungen an die Bahn und wirken sogar auf »abgebrühte« Bahn-Fans faszinierend. Die extremen Höhenunterschiede (z.B. 429 m ü. M. im italienischen Veltlin und 2.257 m ü. M. bei der Station Ospizio Bernina) warfen vor allem in den Anfängen der Rhätischen Bahn große Probleme auf. So musste die Schweizerische Lokomotiv- und Maschinenfabrik Winterthur (SLM) eigens für die RhB einen Maschinentyp entwickeln, der mit einer Leistung von rund 800 PS als stärkste schmalspurige Dampflokomotive in der Lage war, auf den Albula-Rampen mit 35‰ Neigung eine Anhängelast von 90–95 Tonnen bei einer Geschwindigkeit von bis zu 30 km/h bergan zu ziehen. Für die Führer und Heizer »der guten alten Zeit« waren diese Dampffahrten kein Vergnügen: Besonders in den Kehrtunnels zwischen Filisur und Preda bildeten sich manchmal Schmierschichten auf den Schienen, welche die Triebräder der Lokomotiven ins Schleudern brachten – so kam es vor, dass der Zug im Tunnel rückwärts rollte und am unteren Portal wieder herauskam. Die Fahrtrichtung des Zuges konnte oft nur noch festgestellt werden, indem die Lok-Besatzung einen Besen gegen die Tunnelwand hielt.

Die Entwicklung ist natürlich auch in Graubünden nicht stehen geblieben. Die RhB blickt in die Zukunft. Nebst modernsten Triebfahrzeugen und einer unversehrt schönen Natur, will man nun mit neuen Ideen noch mehr Erlebnis bieten.

Seit November 1998 verkehrt ein Spezialwagen mit Bar, Ess- und Spielbereich, einer Stube mit Sesseln und einem Schlafraum. Aber das ist noch nicht alles: Der Sonderwagen Nr. 1171 »Star(c)kes Stück« ist mit Designermöbeln von Philippe Starck, Le Corbusier & Co., ausgestattet. Er verkehrt für Reisegruppen auf Bestellung oder wird als Überraschung in Planzüge eingereiht.

Aber auch zahlreiche Spezialwagen wie die »Stiva Retica« sind Besonder-

Bei Punt Muragl im Oberengadin überquert der Zug die Flaz.   *Foto: Roger Haueter*

Alpen: Rhätische Bahn

heiten. »Stiva Retica« ist eine rollende Stube. Mit einem Innenausbau aus Bündner Fichtenholz, einer Bar, einem Stammtisch und 44 Sitzplätzen eignet sich dieser Wagen besonders als Stimmungs- und Partywagen. Nicht vergessen darf man die vier Salonwagen zu je 32 Sitzplätzen. Die aus den 1920er-Jahren stammenden Pullman-Wagen, verleihen jeder Reise einen Hauch von historischem Luxus. Der Zug verkehrt heute als »Alpin Classic Pullmann Express« im Sondereinsatz vor »Krokodilen« oder alten Stangenloks. Auch zwischen Zermatt und St. Moritz ist er auf der Glacier-Route zuweilen anzutreffen. Weiter gibts für Feinschmecker den »Gourmino«-Speisewagen oder die offenen Aussichtswagen für kühle Köpfe!

Das Erscheinungsbild der Rhätischen Bahn wird allerdings gleich bleiben. Im »roten Bähnli«-Kleid sind auch die Panoramazüge, welche seit der Jahrtausendwende im »Bernina-Express« eingesetzt werden.

Am 19. November 1999 wurde die Vereinalinie eröffnet – ein wichtiger Tag für die RhB und die Bündner Randregionen, denn die Reisezeit von Zürich ins Unterengadin wird dank des Tunnels um einige Stunden verkürzt.

Die RhB ist auch ein professioneller Reiseveranstalter im Kanton Graubünden und organisiert bereits seit mehreren Jahren Spezialreisen auf dem spektakulären Bündner Bahnnetz. Jeder kommt dabei auf seine Kosten: beispielsweise mit dem Glacier-Express, der mit seinen Panoramawagen als weltberühmter, langsamster Schnellzug von St. Moritz nach Zermatt über 270 km einer fazinierenden Bergwelt durchquert.

Oben: G 4/5 Nr. 108 dampft bei Surova.
Unten: Ge 4/4 III Nr. 647 warb für »Capito«.
Fotos: Ronald Gohl

Der Bernina-Express fährt zwischen Tirano und Chur oder von den Palmen des südländischen Veltlins bis hin zum ewigen Eis. Dieser Zug erklimmt die höchste Bahn-Transversale der Alpen. Sie gilt als eine der steilsten Eisenbahnen der Welt und verfügt nicht einmal über Zahnrad und Zahnstange. Seit 1997 gibt es auch den Arosa-Express, der in einer knappen Stunde Arosa erreicht. Die Fahrt führt von Chur an zahlreichen Alpweiden, Bergwäldern, Felspartien und malerischen Bergdörfern entlang zum weltbekannten Sport- und

Alpen: Rhätische Bahn

Ferienort auf 1.775 m ü. M. Chur ist übrigens die Hauptstadt des flächenmäßig größten Kantons und mit ihrer Siedlungsgeschichte von nahezu 5.000 Jahren auch die älteste Stadt der Schweiz. Einen ganz anderen, ebenfalls landschaftlich abwechslungsreichen Weg nimmt der "Engadin Star" von Landquart über Klosters nach St. Moritz.

Für komplette Bahnfreaks werden auf Anfrage sogar Sonderfahrten mit der Berninabahn-Dampfschneeschleuder organisiert. Bei diesen Sonderfahrten wird von einem voranfahrenden Triebwagen Schnee in die Trasse geschaufelt. Eine Show der besonderen Art.

Die Rhätische Bahn besticht nicht allein durch die Aussicht während der Fahrt, sondern auch durch die Art und Weise, wie man reist. Bequeme Sessel, teilweise klimatisierte Wagen, interessante Triebfahrzeuge.

Rückblickend kann man die Leistung eines ehemals armen Bergkantons nur bewundern. Was hier in einem Jahrhundert vollbracht worden ist, erscheint um so anerkennenswerter, wenn man bedenkt, welche großen Schwierigkeiten allein schon die komplizierte Topografie dieses Gebirgslandes bot. Die Bündner hatten einst in den Bahnbau große Erwartungen gesetzt. Sie sind nicht nur erfüllt, sondern in mancher Hinsicht weit übertroffen worden. Ohne die Bahn wären beispielsweise die bekannten Tourismusorte wie Arosa, Pontresina, Davos und St. Moritz kaum je das geworden, was sie heute sind. Aber auch alle anderen Dörfer und Dörfchen im »Land der tausend Täler« (genau genommen sind es an die 150 Täler) wurden durch die RhB erst richtig erschlossen. Man erinnere sich nur an die Tatsache, dass eine Postkutschenfahrt von Chur ins Engadin ganze 14 Stunden erforderte.

Die Strecken des Bernina-Express von Chur nach Tirano über die Albulabahn und den Berninapass wurde 2008 von der UNESCO zum Weltkulturerbe erklärt, eine angemessenere Würdigung dieser weltweit einzigartigen Strecke.

Der Regionalzug Samedan–Pontresina mit einer Ge 4/4 I als Zugmaschine.   Foto: Ronald Gohl

Westschweiz: BAM

Ge 4/4 mit Flachwagen-Blockzug für Panzertransporte, aufgeladen auf Rollböcken. Foto: ADtranz

Panzer und Touristen

Chemin de fer Bière–Apples–Morges (BAM)

Morges, einer der attraktivsten Uferorte am Genfer See, ist Ausgangspunkt der ehemaligen Bière–Apples–Morges-Bahn (BAM), die heute Transport de la Région Morges–Bière–Cossonay (MBC) heißt. Nach einer 75 km/h schnellen Fahrt durch das Hochplateau am Fuße des Waadtländer Juras gabelt sich die Strecke in Apples. Der wichtigere Zweig führt nach Bière (694 m), der andere nach L'Isle-Mont-La-Ville (666 m) – beides touristisch lohnende Ziele. Die Trasse windet sich vom See aus in großen Schleifen durch ein fruchtbares Bauernland in die Höhe. Die Anschlussbahn auf der Teilstrecke L'Isle-Mont-La-Ville, welche heute den rechten Schenkel des Y-förmigen MBC-Netzes bildet, fuhr früher mit einer einzigen Dampflok des Typs G 3/3 sowie einigen wenigen Personenwagen. Heute genügt auf dieser Strecke meist ein einzelner Triebwagen, welcher in verkehrsschwachen Zeiten durch einen Bus ersetzt wird. 1994 beschaffte die BAM zusätzlich zwei Ge 4/4, welche ausschließlich als Güterzugloks genutzt werden.

INFO

Anreise: Morges liegt an der InterCity-Linie Zürich–Lausanne–Genf, es halten allerdings nur IR und ICN-Züge. **Fahrplanfeld:** 156. **Streckenlänge:** 29,7 km, davon 10,6 km Apples–L'Isle. **Fahrzeit:** 34 min Morges–Apples–Bière, 14 min Aplles–L'Isle. **Reservierungen:** nur für Gruppen. **Verkehrszeiten:** das ganze Jahr. **Besonderes:** Ungewöhnlich sind die UIC-Puffer an den beiden Güterzugloks. **Spurweite:** 1.000 mm.

Triebfahrzeuge: Zwei Loks Ge 4/4 Nr. 21 und 22 (ähnlich wie Ge 4/4 III der RhB), zwei Triebwagen BDe 4/4 Nr. 2 und 3, ein BDe 4/4 Nr. 4, drei Be 4/4 Nr. 11, 12 und 14, ein Tm 2/2 Nr. 41, ein X2 Nr. 1 und die selbstfahrende Draisine Dam.

Info: MBC 021 811 43 43, www.mbc.ch

Westschweiz: CMN

In Les Brenets wartet ein knapp 60 Jahre alter BDE 4/4 auf die Rückfahrt nach Le Locle.
Foto: Dietmar Beckmann

Ein Kind der Lotterie

Chemins de fer des Montagnes neuchâteloises (CMN/trn)

Das Unternehmen Chemins de fer des Montagnes neuchâteloises wurde 1947 aus zwei vormals eigenständigen Bahnen gegründet, der Regionalbahn Les Ponts-de-Martel–La Sagne–La Chaux-de-Fonds und der Regionalbahn Le Locle–Les Brenets.

Die Finanzierung der Bahn gestaltete sich mühsam, obwohl man sich in technischer und baulicher Beziehung bescheiden zeigte. Es ist bezeichnend, dass in Les-Ponts-de-Martel ein Komittee eine Lotterie (850 Lose zu einem Franken) veranstalten musste, um das sehr einfache Stationsgebäude mit einer Uhr und einem Regendach ausstatten zu können. Die Gründer der Bahn Les Ponts-de-Martel–La Sagne–La Chaux-de-Fonds hatten das Verkehrsaufkommen überschätzt und kamen nie aus den finanziellen Schwierigkeiten heraus, selbst die Übernahme 1893 durch den Kanton Neuenburg sollte daran nicht viel ändern. Die Bahn Le Locle–Les Brenets, welche Le Locle mit dem Tal des Doubs verbindet, hätte eigentlich ein Bestandteil der internationalen Linie Paris–Bern bilden sollen.

Daraus ist aber nichts geworden.

INFO

Anreise: Direkte Züge von Basel, Zürich oder Bern nach Biel, dort meist umsteigen in den Regionalzug nach La Chaux-de-Fonds. **Fahrplanfeld:** 222. **Streckenlänge:** 20,4 km pro Weg. Fahrzeit: 23 min bis Les Ponts-de-Martel. **Reservierungen:** nur für Gruppen. **Verkehrszeiten:** das ganze Jahr. **Besonderes:** Einheitliche Wagenklasse. **Spurweite:** 1.000 mm.

Triebfahrzeuge: Vier BDe 4/4 Nr. 2–5, drei BDe 4/4 Nr. 6–8 und ein Tm 2/2 Nr. 11.

Info: CMN (trn) 032 924 24 24, www.trn.ch

Westschweiz: CJ

Hoch im Jura fährt ein Güterzug durch eine skandinavisch anmutende Landschaft. Foto: Dietmar Beckmann

Fast wie in Skandinavien

Chemins de fer du Jura (CJ)

Vor der Gründung der Chemins de fer du Jura (CJ) im Jahre 1944 gab es vier verschiedene Bahngesellschaften, die um ihre Existenz kämpften. Die Älteste zwischen Tramelan und Tavannes wurde bereits 1884 eröffnet. Für Bahntouristen ist das Streckennetz der CJ sehr lohnend. Anders als in den Alpen wird von der Privatbahn eine milde, hügelige Landschaft mit mächtigen Tannenwäldern erschlossen. Fast könnte man sich wie im fernen Skandinavien fühlen. Das Uhrenstädtchen Tavannes ist Ausgangspunkt für eine Fahrt mit den CJ. Von hier aus führt die Trasse stetig ansteigend gegen Westen. Nach Tramelan klettert der Zug mittels einer S-Kurve vom Talboden auf das Hochplateau. Weiter gehts über Wiesen, vorbei an großen Bauernhöfen und Baumgruppen nach Le Noirmont. Hier verzweigt sich die Linie. Wir fahren nicht nach La Chaux-de-Fonds, sondern über Saignelégier und die Franches Montagnes nach Glovelier im Tal der Sorne.

Besonders interessant sind die mehrmals täglich verkehrenden Güterzüge, die den Müll von Tavannes nach La Chaux-de-Fonds bringen. Gezogen werden sie vom BDe 4/4 621 oder von einem der beiden ABef 4/4, die die CJ von der RhB übernommen hat.

INFO

Anreise: Tavannes liegt an der Jura-Nebenlinie Delémont–Sonceboz–Biel der SBB. **Fahrplanfeld:** 236 und 237. **Streckenlänge:** 76 km pro Weg. Fahrzeit: 1 h 27 min bis Glovelier. **Reservierungen:** nur für Gruppen. **Verkehrszeiten:** das ganze Jahr. **Besonderes:** zahlreiche Güterzüge. **Spurweite:** 1.000 mm.

Triebfahrzeuge: Die CJ verfügen neben einer Reihe von Schmalspurloks und -triebwagen auch über Normalspur-Rollmaterial (Strecke Porrentury–Bonfol). Den gesamten Personenverkehr besorgen meist die BDe 4/4I (nr. 601–608). BDe 4/4II (Nr. 611–614) sowie die neuen GTW 2/6 (631–634), seltener ist noch ein De 4/4-Gepäcktriebwagen zu sehen.

Info: CJ 032 482 64 50,
www.cj-transports.ch, www.rail-info.ch/CJ

Westschweiz: CEV

Der moderne »Train des Étoiles« auf dem oberen Zahnstangen-Abschnitt.   *Foto: Vally Gohl*

Panoramaterrasse über dem Genfer See

Chemin de fer électriques Veveysans (CEV)

Chemin de fer électriques Veveysans (CEV) heißt die Schmalspurbahn, die von Vevey am Genfer See (386 m ü. M.) auf die Panoramaterrasse Les Pléiades (1.348 m ü. M.) klettert. Auf ihrem ersten Teilstück zwischen Vevey und Blonay fahren die Züge ohne Hilfe des Zahnrads. Die maximale Neigung beträgt 50‰. Größtes Bauwerk ist der 114 m lange Viadukt über die A9. Die Reise führt an sonnigen Weinbergen vorbei – auch ein sehenswertes Schloss liegt am Weg – daneben bieten sich immer wieder faszinierende Ausblicke auf den Genfer See. In Blonay beginnt der Zahnstangenabschnitt (200‰) über La Chiesaz und Ondallaz zur Aussichtsplattform Les Pléiades hinauf (Panorama zu den Savoyer Alpen). Anlässlich des Winzerfestes »Fête des Vignerons«, das alle 25 Jahre in Vevey stattfindet, wurde ein Fahrzeug komplett umgebaut. Der futuristisch wirkende »Train des Étoiles«, alias Beh 2/4 Nr. 71 und Bt 224, ist bei den Reisenden sehr beliebt.

INFO

Anreise: Vevey am Genfer See erreicht man via Lausanne, umsteigen in den Zug nach Montreux bzw. Brig. **Fahrplanfeld:** 112. **Streckenlänge:** 10,4 km bis Les Pléiades. **Fahrzeit:** 38 min bis Les Pléiades. **Reservierungen:** nur für Gruppen. **Verkehrszeiten:** das ganze Jahr. **Besonderes:** Vom Panoramaberg Les Pléiades genießt man bei guter Fernsicht eine herrliche Aussicht über den Genfer See. **Spurweite:** 1.000 mm.

Triebfahrzeuge: Fünf BDeh Nrn. 71–75, vier Be 2/6 Nr. 7001–7004 (Stadler-GTW ohne Zahnrad), ein BDe Nr. 105, ein BDe Nr. 103 und zwei Zahnradloks He Nrn. 1 und 2. Ferner die beiden elektrischen Traktoren Te Nr. 81 und 82.

Info: GoldenPass Services 021 989 81 81, www.mob.ch

Westschweiz: TPF

Der neue BDe 4/4 Nr. 121 auf der Schmalspurlinie Palézieux–Bulle–Montbovon. Foto: ADtranz

Zwischen Genfer See und Greyerzer Land

Transports Public Fribourgeois (TPF)

Neben dem größten konzessionierten Autobusnetz der Schweiz verfügen die Fribourger Bahnen GFM – inzwischen heißen sie Transports Publics Fribourgeois (TPF) – über eine ganze Palette von Normal- und Schmalspurstrecken. Herzstück ist der Bahnhof von Bulle, ein prestigeträchtiges Bauwerk, das die ehemalige GFM stark in die Schulden geführt hat. In Bulle steigt man in den Normalspurzug nach Romont, die Reise führt durch ein grünes, sanftes Tal am Rande eines waldigen Hügelzugs. Wir können aber auch in den Schmalspurzug nach Palézieux einsteigen, das nicht weit vom Genfer See liegt – eine schöne Fahrt durchs Fribourger Oberland. Der gleiche Zug fährt von Bulle aus in der entgegengesetzten Richtung weiter ins Herz des Greyerzer Landes. In Montbovon besteht Anschluss ans Netz der Montreux–Oberland Bernois (MOB). Mit einem weiteren Schmalspurzug gehts von Bulle aus zur Schokoladenfabrik in Broc, die auch besichtigt werden kann.

INFO

Anreise: Palézieux an der Strecke Bern–Lausanne ist Ausgangspunkt der Reise mit der TPF. Hier halten die IR Luzern–Genf-Züge. **Fahrplanfeld:** 256. **Streckenlänge:** 61 km pro Weg. Fahrzeit: 1 h 23 min bis Montbovon. **Reservierungen:** nur für Gruppen. **Verkehrszeiten:** das ganze Jahr. **Besonderes:** lohnender Abstecher von Bulle nach Broc (Fahrplanfeld 253). **Spurweite:** 1.000 mm.

Triebfahrzeuge: Vielfältiger Rollmaterialpark mit Normal- und Schmalspurtriebfahrzeugen, beispielsweise die GDe 4/4 vom gleichen Typ wie bei der MOB oder die früheren DDR-Loks der Baureihe Ae 4/7 (Normalspur). Relativ neu sind BDe 4/4 Nr. 121 und 122 (Schmalspur).

Info: TPF 026 351 02 00, www.tpg.ch, www.rail-info.ch/GFM

Westschweiz: LEB

Neue LEB-Triebwagen des Typs Be 4/8 (Baujahre 1985 und 1991) sind 41,10 m lang. Foto: Vally Gohl

Erste Schmalspurbahn der Schweiz

Chemin de fer Lausanne–Echallens–Bercher (LEB)

Am Genfer See schrieb die Chemin de fer Lausanne–Echallens–Bercher, kurz LEB, als erste Meterspurbahn Eisenbahngeschichte. Ausgangspunkt für die modernen grün-weißen Triebwagen ist seit dem 27. Mai 1996 der neue, unterirdische Bahnhof Chauderon. Er ist Teil der geplanten Verlängerung der LEB bis ins Zentrum der Stadt Lausanne. Am 5. November 1873 nahm die Schmalspurbahn zwischen Lausanne und Cheseaux ihren Betrieb auf. Sieben Monate später wurde sie bis Echallens und 16 Jahre danach bis Bercher verlängert. Zur Zeit der Betriebsaufnahme gab es so unsinnige Behördenauflagen wie eine Geschwindigkeitsbeschränkung auf sechs km/h. Außerdem hatte die Bahn auf beiden Seiten der Gleise einen 1,50 m hohen Zaun zum Schutze der Bevölkerung aufzustellen. Nach dem Willen der Behörden musste der Lokführer dauernd mit einer Kuhglocke bimmeln und ein Angestellter hatte mit einer roten Fahne dem Zug vorauszueilen. Die Verwaltung nahm diese Auflagen jedoch nie sehr ernst. Dafür zählte sie schon im ersten Jahr 100.000 Reisende.

INFO

Anreise: Nach Lausanne gelangt man von Zürich über Bern mit dem IC, durch den Jura gibts von Basel eine ICN-Verbindung. **Fahrplanfeld:** 101. **Streckenlänge:** 30 km pro Weg. **Fahrzeit:** 40 min bis Bercher. **Reservierungen:** nur für Gruppen. **Verkehrszeiten:** das ganze Jahr. **Besonderes:** Der Place Chauderon liegt einige hundert Meter vom Lausanner SBB-Bahnhof entfernt. **Spurweite:** 1.000 mm.

Triebfahrzeuge: Die Triebwagen vom Typ Be 4/4 sind 20,55 m lang und bieten 172 Plätze.

Info: LEB 021 886 20 15, www.leb.ch

Westschweiz: TMR

BDeh 4/4 Nr. 6 im Bahnhof von Finhaut – auffällig ist die bunte Bemalung der Züge. *Foto: Vally Gohl*

Grenzbahn zwischen Rhône und Montblanc

Transports de Martigny et Régions (TMR)

Eine internationale Eisenbahnlinie verbindet das Rhônetal (Schweiz) mit dem Hochtal von Chamonix (Frankreich). Zwei Bahngesellschaften – die französische Staatsbahn SNCF und die Walliser Transports de Martigny et Régions (TMR) – teilen sich den Betrieb auf der insgesamt 55 km langen Strecke bis St.-Gervais am Fuße des Montblanc. Von den 20,9 Schweizer Bahnkilometern führen 2,5 km über Zahnstangenabschnitte. In Le Châtelard-Frontière muss man nicht unbedingt auf die französische SNCF umsteigen, seit 1996 fährt der Montblanc-Express bis Chamonix und St-Gervais. Spektakulär ist der Streckenabschnitt Vernayaz–Le Châtelard, das schwierige Gelände musste mit 21 Tunnel und 28 Viadukten erschlossen werden. Die rot-weißen Triebwagen der Baureihe BDeh 4/4 stammen aus den Jahren 1957 und 1964. Sie verfügen über 760 PS und beziehen ihre Leistung abwechselnd aus Stromschiene oder Oberleitung.

> **TIPP**
>
> **Anreise:** Martigny im Rhônetal erreicht man via Lausanne oder Brig. Fahrplanfeld: 132. **Streckenlänge:** 20,9 km bis zur Grenze. **Fahrzeit:** 49 min bis Le Châtelard-Frontière, 2 h 20 min bis St. Gervais. **Reservierungen:** nur für Gruppen. **Verkehrszeiten:** das ganze Jahr, direkte internationale Züge ins Hochtal von Chamonix. **Besonderes:** GA und Halbtax-Abo sind kurioserweise bis in den französischen Bahnhof Vallorcine gültig. **Spurweite:** 1.000 mm.
>
> **Triebfahrzeuge:** BDeh 4/4 Nr. 4–8 sowie 501 und fünf Panorama-Triebwagen BDeh 4/8. Davon gehören allerdings nur zwei der TMR, zwei weitere der SNCF (Typenbezeichnung Z800) und einer der Region »Rhône Alpes«.
>
> **Info:** TMR 027 723 33 30, www.tmrsa.ch

Westschweiz: TMR

Schönes Schweizerland, bunte Züge: der ABDe 4/4 Nr. 6 der Martigny–Orsières-Bahn.   *Foto: Vally Gohl*

Bernhardinerhunde

Transports de Martigny et Régions (TMR)

Wer in Martigny in die roten Normalspurzüge der Transports de Martigny et Régions (TMR) steigt, muss sich entscheiden, ob er nach Le Châble oder Orsières fährt. In Sembrancher zweigt von der Stammlinie die Strecke ins Val d'Entremont ab. Von Le Châble kann man mit der Gondelbahn in den weltbekannten Ferienort Verbier schweben.

Recht auffällig kommen die ABDe 4/4 der Martigny–Orsières-Linie daher. Die Züge heißen »St-Bernard-Express« und sind mit Bernhardinerhunden bemalt. Das ist nur bedingt ein Touristen-Gag; wir befinden uns nämlich auf dem Weg zum Großen St. Bernhard, jener 2.469 m hohe Passübergang zu Italien, der den großen Lawinenhunden seinen Namen gegeben hat. Ursprünglich sollte die TMR den Großen St. Bernhard mittels eines Tunnels unterqueren, bereits 1850 gab es dafür Pläne. Doch die Arbeiten am Tunnel mussten nach wenigen Metern wieder eingestellt werden. Aus der Eisenbahnverbindung Martigny–Aosta wurde nichts. Die Linie endet heute in Orsières (von dort mit dem Postauto zum Lac de Champex hoch).

INFO

Anreise: Martigny im Rhônetal erreicht man via Lausanne oder Brig. **Fahrplanfeld:** 133. **Streckenlänge:** 26 km, davon 6,5 km Sembrancher–Le Châble. Fahrzeit: 30 min bis Orsières, 29 min bis Le Châble. **Reservierungen:** nur für Gruppen. **Verkehrszeiten:** das ganze Jahr. **Besonderes:** schluchtartige Szenerie mit 25 Viadukten und neun Tunnels. **Spurweite:** 1.435 mm.

Triebfahrzeuge: Fünf ABDe 4/4 Nr. 5–9, drei RABe 527 (NINA), ein Tm 2/2 Nr. 512 und ein Tm 2/2 Nr. 240.

Info: TMR 027 723 33 30, www.tmrsa.ch

Westschweiz: MOB

Ge 4/4 Nr. 8002 mit »Panoramic«-Schnellzug kurz vor dem Ferienort Château-d'Oex. Foto: Ronald Gohl

Steil, schnell und stark

Montreux–Oberland Bernois (MOB)

Der Rekord der steilsten Adhäsionsbahn geht nicht etwa nach Graubünden, sondern an die Montreux–Oberland Bernois (MOB). Fälschlicherweise wird in der Literatur immer wieder darauf hingewiesen, dass die Berninabahn mit einer Steigung von 70‰ als steilste Adhäsionsbahn gilt. Diese Verhältnisse sind zwar respektabel, werden aber von der Westschweizer MOB noch übertroffen. Im Gebiet der malerischen Narzissenfelder von Les Avants erreicht die Trasse der Montreux–Oberland Bernois eine Maximalsteigung von 73‰. Die bloß wenige Kilometer lange und steil ansteigende Rampe von Montreux bis zum Scheiteltunnel Col de Jaman – das Nordportal liegt auf 1.113 m ü. M., Montreux auf 395 m ü. M. – verlangt den Triebfahrzeugen einiges ab. Mittels Kehrtunnel und Kehrschlaufen muss ein Höhenunterschied von 718 m bezwungen werden.

Auch sonst gilt die MOB als richtige Bergbahn mit zahlreichen Kurven, vielen Kunstbauten und großen Neigun-

INFO

Anreise: Montreux am Genfer See erreicht man via Bern und Lausanne (umsteigen). Fahrplanfeld: 120. **Streckenlänge:** 88 km (Stammlinie), 19 km (Zweisimmen–Lenk). **Fahrzeit:** 1 h 50 min bis Zweisimmen, 2 h 08 min bis Lenk (von Montreux aus). **Reservierungen:** nur im »Grand vue«-Abteil des GoldenPass-Panoramic obligatorisch. **Verkehrszeiten:** das ganze Jahr, alle zwei Stunden ein GoldenPass-Panoramic. **Besonderes:** Führerstandslogen in den beiden GoldenPass Panoramic. **Spurweite:** 1.000 mm.

Triebfahrzeuge: Vier Ge 4/4 Nr. 8001–8004, vier GDe 4/4 Nr. 6001–6004 und zwei Gm 4/4 Nr. 2003–2004. Ferner 16 Triebwagen und zwei historische Triebwagen (De 4/4 Nr. 28 und ABDe 4/4 Nr. 11).

Info: GoldenPass Services 021 989 81 81, www.mob.ch

Westschweiz: MOB

gen. Auf dem Streckennetz zwischen Montreux und Lenk im Simmental können 18 Tunnels mit einer Gesamtlänge von 4.600 m gezählt werden. Selbst Königin Elisabeth II. war von der abwechslungsreichen Strecke so fasziniert, dass sie schon mehrmals mit der MOB fuhr. Der Salonwagen As 110 trägt seither das königliche Wappen.

Und gleich noch ein Rekord geht an die Westschweiz: Die MOB besitzt die schnellsten Schmalspurlokomotiven Europas. Bis ins Jahr 1996 hielt die GDe 4/4 Nr. 6003 mit 110 km/h den Europa-Rekord, der schließlich durch die 120 km/h schnellen Ge 4/4 Nr. 8001–8004 abgelöst wurde. Zwölf fast baugleiche Maschinen sind auch auf dem Stammnetz der Rhätischen Bahn unterwegs, diese sind aber für nur 100 km/h zugelassen. Die Lok fährt auf zwei Drehgestellen mit je zwei Radsätzen, wobei in jedem Drehgestell zwei Drehstrommotoren die Lok antreiben. Dabei dürfen die Ge 4/4 Nr. 8001– 8004 einen weiteren Rekord in Anspruch nehmen: sie gelten als die stärksten, vierachsigen Triebfahrzeuge mit Gleichstromspeisung, die mit Drehstrommotoren ausgerüstet wurden – sie erbringen zwei MW Dauerleistung bei nur 900 Volt Fahrdrahtspannung. Die flinken Maschinen kommen hauptsächlich im Schnellzugverkehr und als Mittellok im GoldenPass-Panoramic zum Einsatz. Die etwas älteren Rekordloks des Typs GDe 4/4 leisten Zusatz- und Ersatzdienste, außerdem sind sie auch vor Güterzügen zu sehen. Die Montreux–Oberland Bernois gilt auch als treibende Kraft bei der Realisierung umsteigefreier Verbindungen vom Genfer See bis Interlaken. Die dritte Schiene auf dem Normalspurabschnitt der BLS östlich Zweisimmen ist zwar vom Tisch, aber nun plant die MOB den Bau von Drehgestellen mit seitenverschieblichen Rädern und einer Umspurungsanlage in Zweisimmen. Damit könnten die Panoramawagen bis an den Brienzer See fahren, – ein touristisch attraktives Angabot für das Berner Oberland.

Regionalzug Zweisimmen–Gstaad mit Steuerwagen ABt 5004 bei Oeschseite. Foto: Ronald Gohl

Westschweiz: NStCM

Im Grenzbahnhof von La Cure steht der Triebwagen Be 4/4 Nr. 201 zur Abfahrt bereit.   *Foto: Vally Gohl*

Von den Rebbergen zu den Juraweiden

Chemin de fer Nyon–St.Cergue–Morez (NStCM)

Rund eine Stunde benötigt man für die Reise vom Genfer See zu den Jurahöhen. Die Chemin de fer Nyon–St. Cergue– Morez ist eine richtige Gebirgsbahn, die ein beliebtes Wander- und Skigebiet erschließt. Auf der 27 km langen Fahrt wird ein Höhenunterschied von 749 m überwunden. Das moderne Bähnchen in den Farben Rot und Orange klettert von den Rebbergen am See bis zu den Tannenwäldern am Col de la Givrine. Je höher man kommt, desto überwältigender ist das Panorama. Endstation ist La Cure an der französischen Grenze. Früher gings noch weiter bis nach Morez, die Strecke wurde allerdings 1958 stillgelegt. Heute verkehrt ein Bus in den zwölf Kilometer entfernten Ort. In den 1960er und 1970-Jahren wurde auch die Einstellung der Bahn auf Schweizer Seite diskutiert. Das Rollmaterial war veraltet und das Defizit hoch. Die NStCM hat jedoch den Sprung in die Zukunft gewagt und präsentiert sich heute als moderne Regionalbahn.

INFO

Anreise: Nyon liegt an der IC-Strecke Genf–Lausanne–Bern–Zürich, es halten allerdings nur IR und ICN-Züge **Fahrplanfeld:** 155. **Streckenlänge:** 27 km pro Weg. **Fahrzeit:** 47 min bis La Cure. **Reservierungen:** nur für Gruppen. **Verkehrszeiten:** das ganze Jahr, von Montag bis Freitag teilweise im Halbstundentakt. **Besonderes:** Die NStCM verfügt über eine der seltenen selbstfahrenden Schneeschleudern. **Spurweite:** 1.000 mm.

Triebfahrzeuge: Fünf Be 4/4 Nr. 201–205 (Baujahre 1985/86), ein BDe 4/4 Nr. 211 (Baujahr 1991), ein BDe 4/4 Nr. 221 (Baujahr 1936), die Schneeschleuder XT(rot)m Nr. 251 und der Baudiensttriebwagen Xa Nr. 102 (früher BDe 4/4 Nr. 2).

Info: NStCM 022 994 2840, www.nstcm.ch

Westschweiz: OC

Das romantische Stationsgebäude von Orbe mit dem Triebwagen Be 2/2 Nr. 14. Foto: Vally Gohl

Die erste elektrische Normalspurbahn

Chemin de fer Orbe–Chavornay (OC)

Wer hat schon einmal von der Orbe–Chavornay-Bahn gehört? Mit ihrer Eigentumslänge von rund vier Kilometern zählt sie nicht gerade zu den großen Privatbahnen. Mit ihr gelangt man von der SBB-Station Chavornay – einem verschlafenen Nest an der Bahnlinie Yverdon–Lausanne – nach Orbe im Kanton Waadt. Die OC kann dank ihren Gütereinnahmen gut leben. Viel Industrie, vor allem Nahrungsmittelhersteller, sorgen dafür, dass es immer etwas zu transportieren gibt. Die Anschlussgleise zu den einzelnen Betrieben sind daher etwa noch einmal so lang wie das Netz der öffentlichen Strecke. Vom Bahnhof Chavornay fährt man mit dem Triebwagen westwärts auf die Orbe-Ebene. Später wird der kleine Rangierbahnhof Les Granges erreicht, wo sich die Gleise in drei verschiedene Richtungen verzweigen. Unser Zug fährt leicht bergauf bis zum Bahnhöfchen von Orbe. Die OC hat übrigens auch Geschichte geschrieben, war sie doch die erste elektrisch betriebene Normalspurbahn der Schweiz – allerdings mit einem heute eher exotischen Stromsystem (750 V Gleichstrom).

INFO

Anreise: Nach Chavornay gelangt man mit dem Regionalzug Yverdon–Lausanne. Bis Yverdon kommt man mit dem ICN. **Fahrplanfeld:** 211. **Streckenlänge:** 3,9 km pro Weg. Fahrzeit: 9 min bis Orbe. **Reservierungen:** nur für Gruppen. **Verkehrszeiten:** das ganze Jahr. **Besonderes:** Halt auf Verlangen in St.-Eloi. **Spurweite:** 1.435 mm.

Triebfahrzeuge: Lokomotiven De 2/2 Nr. 32, Ee 2/2 Nr. 1–2, Em 3/3 Nr. 3 und Triebwagen Be 2/2 Nr. 14, BDe 4/4 Nr. 12–13.

Info: OC 024 424 1070, www.travys.ch

Westschweiz: TRAVYS (PBr)

Einer der beiden NPZ-Triebwagen der Pont-Brassus-Bahn, fotografiert bei Vallorbe. *Foto: Roger Haueter*

Dunkles Tal, weiter See

Pont-Brassus-Bahn (TRAVYS)

So mancher Kenner des Eisenbahnlandes Schweiz steht vor Rätseln, wenn er von den Initialen TRAVYS hört. Und viele vernehmen zum ersten Mal von der Existenz der Pont-Brassus-Bahn. Dabei ist die 13 km lange Strecke nahe der französischen Grenze im Schweizer Jura hochinteressant. Die TRAVYS zweigt vom Grenzbahnhof Vallorbe von der TGV-Linie Lausanne–Paris ab, durchfährt das enge Waldtal der Orbe und erschließt zwischen Le Pont und Le Brassus die Hochebene des Lac de Joux. Das sind landschaftlich einzigartige Gegensätze, welche während einer Fahrt entdeckt werden.

Die TRAVYS (früher PBr) wurde im August 1998 hundertjährig. Ihre Entstehung verdankt die Linie der Eisgewinnung auf dem Lac de Joux. Als es noch keine Kühlschränke gab, sollen pro Jahr über 3.000 mit Eis beladene Wagen abtransportiert worden sein. Die beiden Weltkriege gingen im Gegensatz zu anderen Bahnen fast spurlos an der Linie vorüber. Torf- und Holztransporte sorgten sogar für zusätzlichen Verkehr zwischen dem Lac de Joux und Vallorbe.

INFO

Anreise: Vallorbe erreicht man mit dem Regionalzug von Lausanne aus, der TGV ist nur für Reisende nach Frankreich reserviert. **Fahrplanfeld:** 201. **Streckenlänge:** 24 km pro Richtung. **Fahrzeit:** 40 min bis Le Brassus. **Reservierungen:** nur für Gruppen. **Verkehrszeiten:** das ganze Jahr, meist im Stundentakt. **Besonderes:** viele attraktive Fotostandorte bei Le Pont. **Spurweite:** 1.435 mm.

Triebfahrzeuge: Zwei RBDe 4/4 (NPZ) sowie vier Traktoren vom Typ Te I und Tm I, II und III.

Info: TRAVYS 024 424 1070, www.travys.ch

Westschweiz: RVT

Wälder und Schluchten bei Champ-du-Moulin auf der Linie des RVT. *Foto: Dietmar Beckmann*

Schweizer Regionalbahn nach Frankreich

Chemin de fer Régional du Val-de-Travers (RVT/trn)

Ein stilles, fast verträumtes Tal im Jura leistete sich eine eigene Lokalbahn. Als im Jahre 1860 die Schweiz über den Jura mit Frankreich verbunden wurde fühlten sich die Gemeinden in der Talsohle des Val de Travers ins Abseits gedrängt, denn die Bahnlinie verläuft über ihre Köpfe hinweg am Südhang des Tals. Aus diesem Grund wurde eine eigene Bahn (RVT) gebaut, die heute mit drei weiteren Jurabahnen von der Transport Régionaux Neuchâtelois (trn) verwaltet wird. Ihr Streckennetz umfasst 14 km und erschließt das innere Val de Travers. Die Stammlinie führt von Tavers über Fleurier nach Buttes. In Fleurier besteht eine Abzweigung nach St. Sulpice (nur Museumsbetrieb). Doch der RVT kann mehr als nur zwischen den kleinen Dörfern an der Areuse hin- und herzupendeln. Im Austauschverkehr mit der SBB fahren die RVT/TRN-Züge bis Neuchâtel. Zwischen Travers und Pontarlier fährt nur noch ein TGV nach PAris, zwei NPZ als RE nach Frasne (mit TGV-Anschluss) und ein Güterzug bis Les Verrieres.

INFO

Anreise: Neuchâtel ist Bahnknoten am Jurasüdfuß mit Anschluss an die S-Bahn Bern. **Fahrplanfeld:** 221. **Streckenlänge:** 36 km von Neuchâtel bis Buttes. **Fahrzeit:** 42 min bis Buttes. **Reservierungen:** nur für Gruppen. **Verkehrszeiten:** das ganze Jahr, meist im Stundentakt. **Besonderes:** Zwischen Neuchâtel und Buttes kommen abwechselnd SBB- und RVT-Triebwagen zum Einsatz. **Spurweite:** 1.435 mm.

Triebfahrzeuge: Eine Lok Be 4/4, zwei ABDe 2/4, ein ABDe 4/8, drei RBDe 4/4, ein Tm 2/2.

Info: RVT (trn) 032 924 24 24, www.trn.ch

Westschweiz: VCh

Privatbahn, von den SBB betrieben; »Train des Vignes« mit RBDe 560 131-5. *Foto: Vally Gohl*

Privatbahn ohne eigenes Rollmaterial

Chemin de fer Vevey–Chexbres (VCh/SBB)

Reizvoll gelegen sind die Rebberge am Genfer See. Mitten durch diese Weinbauern-Szenerie fährt der Zug von Vevey nach Chexbres. Die 13 km lange Strecke besteht zu über drei Vierteln aus Kurven, außerdem muss der Zug eine Neigung von 40‰ bewältigen. 1904 nahm die Chemin de fer Vevey–Chexbres (VCh) ihren Betrieb auf. Von Anfang an verfügte die Privatbahn über kein eigenes Rollmaterial, die Strecke wurde an die SBB verpachtet, aber von der Privatbahn verwaltet. Seit Oktober 1995 verkehrt zwischen Vevey und Chexbres ein neuer, leuchtend gelber Zug mit dem Wappen von St. Saphorin. »Train de Vignes« heißt der neue Zug. Doch auch die Strecke wurde saniert,

INFO

Anreise: Nach Vevey gelangt man via Lausanne, wo man vom IC aus Bern in den Inter-Regio nach Brig umsteigt. **Fahrplanfeld:** 111. **Streckenlänge:** 13 km pro Weg. Fahrzeit: 10 min bis Chexbres. **Reservierungen:** nur für Gruppen. **Verkehrszeiten:** das ganze Jahr im Stundentakt. **Besonderes:** kurvenreiche Fahrt durch die Rebberge. **Spurweite:** 1.435 mm.

Triebfahrzeuge: Die VCh verfügt über kein eigenes Rollmaterial. Seit 1995 steht ein neuer NPZ der SBB im Einsatz (Triebwagen RBDe 560 131-5 und Steuerwagen Bt 35 131-9). Der Zug präsentiert sich aber in den Farben Gelb und Blau und trägt die Aufschrift »Train des Vignes«.

Info: Rail-Service 0900 300 300, (Fr. 1.19/Min.), www.sbb.ch

7,7 Millionen Franken bezahlten dafür der Kanton Waadt, die Gemeinden sowie die Winzervereinigung. Für die SBB bringt die eingleisige Strecke einen Vorteil: Im Falle einer Panne zwischen Chexbres und Lausanne (IC-Verkehr), können die Züge über Vevey umgeleitet werden.

Westschweiz: TRAVYS (YSC)

Vor dem Aufstieg durch die Kalksteinfelsen des Juras hält der Zug in Baulmes.   Foto: Ronald Gohl

Das Werk eines einzigen Mannes

Chemin de fer Yverdon–Ste-Croix (TRAVYS)

Wohl kaum ihresgleichen findet die Entstehungsgeschichte der Yverdon–Ste-Croix-Bahn (heute TRAVYS). Sie ist nämlich durch einen einzigen Mann finanziert worden. Der gottesfürchtige Alleinaktionär Wiliam Barbery aus Valeyres-sous-Rances schrieb seinem Bahnunternehmen allerdings ein Sonntagsfahrverbot vor. Erst 1919 nach dem Tod des Besitzers rollte der erste Sonntagszug über die Strecke. Die TRAVYS zählt zu den gebirgigsten aller Jurabahnen. Ihre stellenweise in den Fels gesprengtes Trasse ist jedoch zum Verdruss der Eisenbahnfotografen schlecht zugänglich. Obwohl die Bahn auf knapp 25 km einen Höhenunterschied von 631 m überwindet, durchquert sie vor der steil aufsteigenden Juraflanke auch eine flache Landschaft mit Wäldern und Wiesen. Die Fahrt ist sehr abwechslungsreich, denn mit zunehmender Höhe blickt der Reisende an klaren Tagen auf das Alpenpanorama. Umfangreiche Bauten schützen vor den häufigen Steinschlägen.

INFO

Anreise: Yverdon ist Ausgangspunkt für eine Reise mit der TRAVYS, die Stadt liegt an der Jurasüdfußlinie der SBB. **Fahrplanfeld:** 212. **Streckenlänge:** 24,2 km pro Weg. **Fahrzeit:** 40 min bis Ste-Croix. **Reservierungen:** nur für Gruppen. **Verkehrszeiten:** das ganze Jahr im Stundentakt. **Besonderes:** Idyllische Juralandschaft mit Kalksteinfelsen, Weiden und weit ausladenden Tannen. TRAVYS bedeutet übrigens Transports Vallée de Joux Yverdon-Les-Bains Ste-Croix SA. **Spurweite:** 1.000 mm.

Triebfahrzeuge: Zwei Be 2/6 Nr. 2000–2001 (Stadler GTW), ein Be 4/4 I Nr. 5 (Baujahr 1945), zwei Be 4/4 II Nr. 1–2 (Baujahr 1981), eine Ge 4/4 »Krokodil« Nr. 21 (Baujahr 1950), zwei Tm 2/2 Nr. 22–23.

Info: TRAVYS 021 845 55 15, www.travys.ch

Westschweiz: TL

1877 bis 1954 Drahtseilbahn, danach auf Zahnradbahn bis 2007. Foto: Vally Gohl

Eine Zahnradbahn als Metro

Transports publics de la Région Lausannoise (TL)

Die günstige und schnelle Lausanner Metro funktioniert auch heute noch wie am Schnürchen. Daran hing sie seit 1877. Deshalb spricht die Bevölkerung von der »ficelle«, auch wenn ihr Seil bereits 1958 gekappt wurde. Fast 50 Jahre fuhr sie danach als Zahnradbahn, nun seit dem 18. September 2008 hochmodern als vollautomatische Metro. Die neuen von Alstom gelieferten pneubereiften Triebwagen erinnern an die Pariser Metro und fahren jetzt auf verlängerter Strecke von Ouchy (am See) über dem Bahnhof und unter der Stadt hindurch bis Croisettes am Rand der Gemeinde Epalinges.

Die neue Metro M2, die erste der Schweiz (!), gibt dem breit gefächerten Verkehrssystem ein Rückgrat und vernetzt die bestehenden Transportangebote. Zur Hauptsache dient die Lausanner Metro dem Berufsverkehr. An schönen Tagen benutzen aber auch Ausflügler die Metro – nicht weil die Fahrt damit so schön wäre, sondern um schnellstmöglich vom Bahnhof SBB zur Schiffsanlegestelle in Ouchy zu gelangen. Die Züge verkehren in Intervallen von sechs Minuten.

INFO

Anreise: Lausanne ist Verkehrsknoten zwischen den wichtigen SBB-Linien von und nach Bern, Genf und Brig. **Fahrplanfeld:** 103. **Streckenlänge:** 5,9 km pro Weg. **Fahrzeit:** 20 min pro Richtung. **Reservierungen:** nicht möglich. **Verkehrszeiten:** das ganze Jahr. **Besonderes:** pneubereifte Triebwagen mit z. T. beheizter Fahrbahn bei 12% Steigung vollautomatischer Betrieb. **Spurweite:** 1.435 mm.

Triebfahrzeuge: 15 zweiteilige Triebwagen.

Info: TL 0900 564 900, (Fr. 0.86/Min.), www.t-l.ch

Westschweiz: TL

Neues Konzept für die Schweiz: einsteigen auf Bahnsteighöhe in Lausanne. Foto: ADtranz Schweiz

Nahverkehrs-Triebwagen nach Stadtbahn-Bauart

Transports publics de la Région Lausannoise (TL)

Die Transports publics de la région lausannois zählt zu den jüngsten Bahnunternehmen der Schweiz. Sie startete als S-Bahn im Jahr 1990 mit zwölf neuen Fahrzeugen, die eine Mischung aus Tram und U-Bahn sind. Vergleichbare Fahrzeuge existieren in der Schweiz nicht. Von den U-Bahnen übernahm die TL den Betrieb auf einer separaten Trasse, auch die Einstiegshöhe, die Bahnsteige auf der Strecke und die Sicherheitseinrichtungen mit eigener Signalisation entsprechen dem Untergrundbahn-Konzept. Aussehen, Länge und Leistung der Züge erinnern jedoch eher an eine Tram. Mit der TL wird das Stadtzentrum von Lausanne (Place du Flon) mit Chavannes, Ecublens und Renens verbunden. In der Eisenbahngeschichte der Schweiz nimmt die Lausanner Stadtbahn eine Sonderstellung ein, denn es handelt sich um die erste neu gebaute Bahn seit dem Ersten Weltkrieg. Gebaut wurden die Stadtbahnwagen, eine völlige Neuentwicklung, von Vevey Technologies (Bombardier-Gruppe) in Villeneuve. Sie können pro Stunde und Richtung bis zu 4.000 Fahrgäste befördern.

INFO

Anreise: Lausanne ist Verkehrsknoten zwischen den wichtigen SBB-Linien von und nach Bern, Genf und Brig. **Fahrplanfeld:** 203. **Streckenlänge:** 7,8 km pro Weg. **Fahrzeit:** 19 min bis Renens. **Reservierungen:** nicht möglich. **Verkehrszeiten:** das ganze Jahr, tagsüber alle zehn Minuten. **Besonderes:** Stadtbahntriebwagen mit ebenem Einstieg. **Spurweite:** 1.435 mm.

Triebfahrzeuge: Zwölf Elektro-Gelenktriebwagen mit Verbrennungsmotor als Hilfsantrieb.

Info: TL 0900 564 900, (Fr. 0.86/Min.), www.t-l.ch

Westschweiz: TPC

Meterspur-Bahnhof Aigle: Ausgangspunkt von drei Privatbahnen. *Foto: Vally Gohl*

Vier Bahnen in vier Tälern

Transport Public du Chablais (TPC)

Eine Bahn mit der Aufschrift »Transport Public du Chablais« gibt es nicht. TPC heißt die Verwaltung in Aigle, welcher vier Bahnunternehmen angeschlossen sind, nämlich die Chemin de fer Aigle–Leysin (AL), die Chemin de fer Aigle–Ollon–Monthey–Champéry (AOMC), die Chemin de fer Aigle–Sépey–Diablerets (ASD) und die Chemin de fer Bex–Villars–Bretaye (BVB). Die BVB fährt ab Bex, die übrigen drei Bahngesellschaften ab Aigle. In der Region könnte man länger verweilen, denn die vier Bahnen sind hochinteressant und erschließen ein faszinierendes landschaftliches Umfeld. Alle vier fahren in ein anderes Bergtal, jedes dieser Bergtäler weist sehr viel Eigenständigkeit auf. Am längsten ist die Linie der

> **INFO**
>
> **Anreise:** Aigle liegt im Rhônetal an der SBB-Linie Lausanne–Brig (IR-Halt). **Fahrplanfelder:** 126 (AOMC), 124 (ASD), 125 (AL) und 127/128 (BVB). **Streckenlänge:** 23,1 km (AOMC), 22,4 km (ASD), 6,2 km (AL) und 17,1 km (BVB). **Fahrzeit:** 1 h 02 min bis Champéry, 43 min bis Les Diablerets, 32 min bis Leysin, 1 h 04 min bis Bretaye. **Reservierungen:** nur für Gruppen. **Verkehrszeiten:** das ganze Jahr. **Besonderes:** touristisch attraktive Region. **Spurweite:** 1.000 mm.
>
> **Triebfahrzeuge:** Einsatz von Zahnradbahnlokomotiven und -triebwagen auf drei Bahnlinien, darunter auch interessante Nostalgiefahrzeuge (Trans Ormonan Express), Neukonstruktionen und Dienstfahrzeuge.
>
> **Info:** TPC 024 468 03 30, www.tpc.ch

AOMC. Mit den Triebwagen in den Farben Rot und Weiß reist man 23 km weit ins Val d'Illiez. Endstation ist erst im Walliser Kurort Champéry auf 1.053 m ü. M. nahe der französischen Grenze. Direkt hinter dem Bahnhof steigt man in die große Seilbahn Champéry–Pla-

Westschweiz: TPC

nachaux. Sie erschließt im Sommer ein herrliches Wander- und Bikegebiet und im Winter wird die Region länderübergreifend mit Frankreich verbunden. »Les Portes du Soleil« nennt sich das angeblich größte Skigebiet der Welt: Über 650 miteinander verbundene Pistenkilometer stehen zur Verfügung.

Auf der gegenüberliegenden Seite der Rhône liegt im Kanton Waadt das Ziel der ASD. 22 km sind es bis in den nicht weniger berühmten Winter- und Sommersportort Les Diablerets auf 1.157 m ü. M. Auf dieser Strecke kann man zwei eigenwilligen Fahrzeugen begegnen, nämlich den historischen Triebwagen BDe 4/4 Nr. 1 und 2. Beide sind mit blumigen und alpenländischen Bildern versehen. Sie kommen hauptsächlich als Dienstfahrzeuge und bei Sonderfahrten zum Einsatz. Trans Ormonan Express nennt sich das dazugehörige Nostalgie-Produkt, das vom TPC vermarktet wird. 33 Viadukte und sechs Tunnels liegen zwischen Aigle und Les Diablerets.

Ebenfalls im Bahnhof von Aigle fährt die AL ab. Auch sie, wie kann es anders sein, erschließt einen bekannten Ferienort. Leysin liegt auf 1.253 m ü. M., auf den Zahnstangenabschnitten steigt das Bähnchen mit 230‰. Sehenswert ist der imposante Viadukt kurz vor Leysin, der schon seit 1915 doppelspurig befahren werden kann.

Letzte im Bunde ist die BVB, eine Zahnradbahn, welche bereits auf Seite 106 vorgestellt wurde. Aus diesem Grund soll hier nicht näher darauf eingegangen werden.

Drei der vier Unternehmen, die von der TPC verwaltet werden, haben einige Gemeinsamkeiten: Sie werden als gemischte Adhäsions- und Zahnradbahnen betrieben, erschließen Ferienorte und fahren auf Meterspur. Unter den Bahnen werden im beschränkten Ausmaß auch Fahrzeuge ausgetauscht.

AOMC-Endstation Champéry: Im Bahnhof steht der BDeh 4/4 Nr. 12.   Foto: Ronald Gohl

Tessin: Centovalli

Tunnels, hohe Viadukte, tiefe Schluchten und üppige Wälder im Centovalli. Foto: Ronald Gohl

Über tiefe Schluchten und enge Felsspalten

Die Centovalli-Linie (FART)

Die kürzeste Verbindung zwischen dem Tessin und der Stadt Bern führt über Domodossola (Italien), den Simplon- und Lötschbergtunnel. Besonders eindrucksvoll und spannend ist die Reise durch das Centovalli (Tessin) und Val Vigezzo (Italien). Da fährt man mit Niederflur-Panoramazügen an tiefen Schluchten und Felsspalten entlang mit silber glänzenden Wasserfällen, über bunte Wiesen und kühne Brücken, durch Rebberge und Kastanienwälder.

51,2 km lang ist die Strecke – eine abwechslungsreiche und kurzweilige Fahrt.

Die Centovallibahn wird von zwei Bahngesellschaften betrieben, der Tessiner Ferrovie e Autolinee Regionali Ticinesi (FART) und der italienischen Società Subalpina di Imprese Ferroviarie (SSIF). Gemeinsam wurden ab 1992 zwölf neue Gelenktriebwagen vom Typ ABe 4/6 und Ae 4/6 (Nr. 57 und 58 sind Fahrzeuge mit 1.-Klasse-Bestuhlung) in Betrieb genommen, acht Fahrzeuge gehören der FART, vier der SSIF.

INFO

Anreise: Locarno erreicht man von Bellinzona aus mit dem Regionalzug oder direkt von Basel oder Zürich mit dem IR. **Fahrplanfeld:** 620. **Streckenlänge:** 51,2 km pro Weg. **Fahrzeit:** 1 h 42 min bis Domodossola. **Reservierungen:** nur für Gruppen. **Verkehrszeiten:** das ganze Jahr. **Besonderes:** kein Transport von Fahrrädern, Gruppen nicht in allen Zügen, Panoramazug. Mitte März bis Mitte Oktober nur für internationalen Verkehr. **Spurweite:** 1.000 mm.

Triebfahrzeuge: Die schweizerische FART hat sechs ABe 4/6, zwei Ae 4/6 (Baujahr 1992/93), ein ABe 6/6 »Berna« und ein ABDe 6/6 »Vallese« (Baujahr 1963) im Einsatz. Ferner verfügt die Centovallibahn über einen historischen Triebwagen vom Typ Ce 2/2 (Baujahr 1909), einen Xe 2/2-Hilfstriebwagen und den Tm 2/2 Nr. 9 des Baudienstes.

Info: FART 091 756 04 00, www.centovalli.ch, www.rail-info.ch/FART

Tessin: FLP

FLP: seit 1912 in Betrieb, 1979 durch fünf Doppeltriebwagen verjüngt. Foto: Vally Gohl

An den See und an die Grenze

Ferrovia Lugano–Ponte Tresa (FLP)

Nur gerade zwei Schmalspurbahnen gibt es im Tessin, eine führt durchs Centovalli und die andere von Lugano nach Ponte Tresa. Die Reise mit der Ferrovia Lugano–Ponte Tresa (FLP) beginnt in Lugano, dem subtropischen Städtchen am Cerésio (wie der Luganer See auf Italienisch genannt wird). Zunächst gehts vom Bahnhof Lugano aus durch zwei Tunnels, bis der Zug auf der Höhe von Sorengo den kleinen, malerischen Lago di Muzzano erreicht. Die Fahrt dem Ufer entlang dauert nicht lange, denn die Trasse schwenkt nach Norden ab und verläuft zwischen Autobahn und Waldrand. Bei Bioggio wird der Vedeggio überquert und man fährt ab hier plötzlich wieder gegen Süden. Zwischen Agno (hier befindet sich der Flughafen) und Magliaso folgt das orangefarbene Bähnchen dem Ufer des Cerésio – der fjordähnliche See hat unzählige Arme und Buchten. Schließlich wird die Ebene von Magliasina überquert und kurz vor Ponte Tresa erneut eine Bucht des Luganer Sees erreicht. Ponte Tresa ist Grenze und Endstation der FLP. Wie wäre es mit einem Sprung nach Italien?

INFO

Anreise: Lugano liegt an der internationalen Nord-Süd-Achse. Alle CIS und IC halten hier.
Fahrplanfeld: 635. **Streckenlänge:** 12,2 km bis Ponte Tresa. **Fahrzeit:** 21 min pro Richtung. **Reservierungen:** nur für Gruppen. **Verkehrszeiten:** das ganze Jahr, meist im 20-Minuten-Takt. **Besonderes:** nur eine Wagenklasse. **Spurweite:** 1.000 mm.

Triebfahrzeuge: Moderne Gelenk- und Doppeltriebwagen aus den Jahren 1968 und 1979, gleiche Bauart wie RBS.

Info: FLP 091 605 13 05, www.rail-info.ch/FLP

Museumszüge: DFB

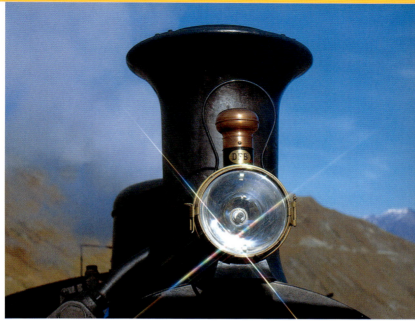

Dampfromantik pur ist auf der baumlosen Bergstrecke Realp–Oberwald angesagt. Foto: DFB

Mit Volldampf über die Passhöhe

Dampfbahn Furka-Bergstrecke (DFB)

Zwischen Realp im Kanton Uri und Oberwald im Wallis verkehrt eine der jüngsten Privatbahnen der Schweiz. Die DFB Aktiengesellschaft wurde von ihren Anhängern 1985 gegründet, um den Abbruch der alten Passlinie zu verhindern. Mit der neuen Streckenführung der Furka–Oberalp-Bahn (FO), die seit 1982 durch den Furka-Basistunnel verläuft, war die ursprüngliche Linie, die jeweils im Winter eingestellt werden musste, dem Untergang geweiht. Dank des unermüdlichen und freiwilligen Einsatzes der Mitglieder »Verein Furka-Bergstrecke« und ihrer Teilnahme am Aktienkauf gibt es diese Originalstrecke noch. Seit dem Sommer 2010 ist die gesamte Bergstrecke wieder befahrbar. die historischen Züge mit den Original-Dampfloks verkehren von ende Juni bis Ende September an Wochenenden, im Hochsommer sogar täglich. Höhepunkt ist der Blick auf den Rhone-Gletscher bei Gletsch.

Museumszüge: DVZO

Ed 3/3 Nr. 401 und Ed 3/4 Nr. 2 anlässlich 20 Jahre DVZO am 16. Mai 1998.   *Foto: Bruno Hitz*

Zeugen der Vergangenheit

Dampfbahn-Verein Zürcher Oberland

Das Kürzel DVZO steht für den Dampfbahn-Verein Zürcher Oberland, der seit 1995 sogar über eine eigene historisch wertvolle Lokremise samt Drehscheibe im zürcherischen Uster besitzt. Hier hat der DVZO seine Werkstätte eingerichtet und hier stehen interessante Dampflokomotiven. Immer wenn der Dampfbahn-Verein zum sonntäglichen Halali bläst, rücken aus der ganzen Schweiz unzählige Fans an. Hobbyfotografen suchen entlang der Strecke die besten Standorte und tragen, wenn der schnaubende DVZO-Zug vorbei ist, stolz ihre Trophäen mit nach Hause. Wer nicht nur Spalier steht, sondern mit dem Zug fährt und dafür auch seinen Obulus abliefert, ahnt vielleicht, wie viel Arbeit und Enthusiasmus notwendig sind, um die Dampfmaschinen und historischen Wagen fahrtüchtig zu halten. Natürlich wird hier Fronarbeit geleistet. Die DVZO-Aktiven verbringen oft jede freie Minute in der Werkstatt, um ihre fünf Dampflokomotiven und zwei Elektroveteranen in Schuss zu halten – eine sinnvolle Freizeitbeschäftigung, der Lohn sind störungsfreie Fahrtage.

INFO

Anreise: Bauma, Treffpunkt der DVZO-Fahrten. Zu erreichen über Zürich und Winterthur, dort weiter mit dem Regionalzug in Richtung Rapperswil. **Fahrplanfeld:** 742. **Strecke:** stillgelegte Linie Bauma–Hinwil. **Reservierungen:** nur für Gruppen ab zehn Personen. **Verkehrszeiten:** Mai bis Mitte Oktober an jedem zweiten Sonntag. **Besonderes:** Gültig sind nur Museums-Spezialbilletts. **Spurweite:** 1.435 mm.

Triebfahrzeuge: Ed 3/3 Nr. 401, Ed 3/4 Nr. 2, E 3/3 Nr. 8518, zwei Elektroveteranen der BT.

Info: Bahnhof Bauma 0512 23 16 10, www.dvzo.ch

Museumszüge: SchBB

G 2x3/5 »Garrat« macht mit 700 PS selbst der G 4/5 der RhB alle Ehre. Foto: Samuel Bühlmann

Rauch zwischen jungen Bäumen

Schinznacher Baumschul-Bahn (SchBB)

Was es nicht alles gibt: Da faucht doch die stärkste Schmalspur-Dampflok der Schweiz, südafrikanischer Herkunft, auf einem wackeligen Gleis durch eine riesige Baumschule. Wir sind nicht irgendwo in Costa Rica, sondern bei Schinznach im Kanton Aargau. Die Kleinbahn-Gesellschaft mit nostalgischer Dampfromantik macht Furore: Es verkehren viele Züge nach Fahrplan, zwar nur Samstag und Sonntag, dafür regelmäßig von April bis Oktober. Ungewöhnlich sind auch die Maschinen, die hier in der parkartigen Umgebung der Hermann Zulauf AG – einer Baumschule – zum Einsatz kommen. Beispielsweise die »Sequoia«: einst in Polen, später in Schweden, jetzt in Schinznach. Oder die Garratt G 2x3/5: Sie wurde in Hannover gebaut, nach Südafrika geliefert und kommt jetzt in der Schweiz zum Einsatz. Alle Maschinen mussten von den Mitgliedern der SchBB aber zunächst in unzähligen Freizeitstunden instand gesetzt werden.

> ### INFO
>
> **Anreise:** Von Zürich oder Basel bis Brugg, dort ins Postauto nach Schinznach Dorf umsteigen.
> **Fahrplanfeld:** ohne Eintrag im Kursbuch.
> **Streckenlänge:** 3,1 km auf dem Baumschulgelände. **Fahrzeit:** 15–30 min. **Reservierungen:** nur für Gruppen. **Verkehrszeiten:** Mitte April bis Mitte Oktober. **Besonderes:** offene Panoramawagen. **Spurweite:** 600 mm.
>
> **Triebfahrzeuge:** Die Schinznacher Baumschul-Bahn (SchBB) verfügt über sieben Dampflokomotiven und vier Dieselmaschinen. Die südafrikanische »Garrat« ist die größte, je für 600-mm-Spur gebaute Dampflok der Welt. Mit ihrer seltsamen Gelenkbauart kann sie selbst auf Kurvenradien von 30 m verkehren.
>
> **Info:** SchBB 056 463 62 82, www.schbb.ch

Museumszüge: BDB

Die Tallok G 3/4 Nr. 208 trifft im Bahnhof von Oberried am Brienzer See ein. Foto: Ronald Gohl

Seen, Dampf und Zahnstangen

Ballenberg-Dampfbahn (BDB)

Familienausflüge und Schulreisen führen ins Freilichtmuseum Ballenberg, das auf einer Anhöhe zwischen Hofstetten und Brienzwiler im östlichsten Zipfel des Berner Oberlandes liegt. Eisenbahnfreunde aufgepasst: Es gibt auch eine Ballenberg-Dampfbahn – sie fährt zwar nicht direkt ins Freilichtmuseum, aber immerhin daran vorbei, von Interlaken über Meiringen nach Giswil. Ziel des 1981 gegründeten Vereins Ballenberg-Dampfbahn (BDB) war eigentlich, eine neue etwa sechs Kilometer lange Strecke von Brienz bis ins Freilichtmuseum zu bauen. Eine einleuchtende und touristisch attraktive Idee, die aber an den Kosten (25 Millionen Franken) scheiterte. Seit 1994 werden deshalb fahrplanmäßige Fahrten von Interlaken nach Giswil und zurück angeboten. Dabei macht die Berglok HG 3/3 (Ex-Brünigbahn) auf der 120‰ steilen Zahnradstrecke kräftig Dampf. Von dieser Maschine sind übrigens noch drei Exemplare vorhanden: Neben der betriebsfähigen BDB-Lok steht ein Demonstrationsobjekt im Verkehrshaus und eine Denkmallok in Meiringen.

INFO

Anreise: Interlaken Ost erreicht man von Basel, Zürich und Bern aus mit IC und ICE. **Fahrplanfeld:** ohne Eintrag im Kursbuch. **Streckenlänge:** 45 km pro Weg. **Fahrzeit:** 3-4 h für die Hin- und Rückfahrt. **Reservierungen:** nur für Gruppen. **Verkehrszeiten:** an fünf Sonntagen im Jahr. **Besonderes:** In Meiringen wird die Lok gewechselt. **Spurweite:** 1.000 mm.

Triebfahrzeuge: Berglok HG 3/3 Nr. 1067 und Tallok G 3/4 Nr. 208 (beide Ex-SBB-Brünig).

Info: BDB 033 971 35 87
www.dampfbahnen.ch

Museumszüge: BC

Auch hier dampft noch eine HG 3/4 – nämlich die Nr. 3 der Furka–Oberalp-Bahn. Foto: Vally Gohl

Die erste Museumsbahn der Schweiz

Chemin de fer musée Blonay–Chamby (BC)

1968 taten sich einige Enthusiasten zusammen und gründeten auf der eben stillgelegten Linie Blonay–Chamby die erste Museumsbahn der Schweiz. Dem Verein ist es zu verdanken, dass die sehenswerte Strecke nicht preisgegeben wurde. Elf Dampflokomotiven können von den Besucherinnen und Besuchern bestaunt werden, welche aber nicht alle zum Einsatz kommen. Einige stehen im Museum, das man nur mit der Bahn erreicht. Aber zwischen Blonay und Chamby hoch über dem Genfer See dampft es nicht nur. Elektroveteranen rumpeln genauso über die rund drei Kilometer lange Strecke wie historisch wertvolle Tramwagen aus der ganzen Schweiz. Die Trasse besitzt alle Merkmale einer Gebirgslinie wie Dämme, Einschnitte, Viadukt und Tunnel. Bezaubernd ist die Aussicht auf den See. Ein besonderer Leckerbissen ist aber auch der RhB-Gepäcktriebwagen Ge 4/4 Nr. 181, der einst auf der Berninalinie verkehrte – dass es den noch gibt ...

INFO

Anreise: Blonay erreicht man von Bern über Lausanne und Vevey. Ab Vevey fährt eine Schmalspurbahn (CEV). **Fahrplanfeld:** 115. **Streckenlänge:** 2,95 km pro Weg. **Fahrzeit:** 20 min bis Chamby. **Reservierungen:** nur für Gruppen. **Verkehrszeiten:** von Anfang Mai bis Ende Oktober, jeweils an Wochenenden und Feiertagen. **Besonderes:** Jeweils über Pfingsten findet eine große Fahrzeugparade statt. **Spurweite:** 1.000 mm.

Triebfahrzeuge: Interessante Fahrzeuge sind die große Dampflok G 2x3/3 Nr. 104, die FO-Lok HG 3/4 Nr. 3, die kuriose spanische Dampflok G 3/5 Nr. 23 oder die krokodilähnliche Lok Ge 4/4 Nr. 75.

Info: BC 021 943 21 21,
www.blonay-chamby.ch

Museumszüge: ST

Ideal für Vereinsreisen und Hochzeiten: Dampf und Fotohalte kein Problem!   Foto: Daniel Zumbühl

Zwei Dampf- und Dieselloks

Sursee–Triengen-Bahn (ST)

Regionallinien einzustellen, ist keine Erfindung unserer Tage. Bereits im September 1971 wurde trotz Unmut und Protest der Bevölkerung die Sursee–Triengen-Bahn (ST) auf Busbetrieb umgestellt. Die kleine Privatbahn hat dennoch bis heute »überlebt«. Mit ihren zwei Diesellokomotiven führt sie Gütertransporte durch. Zwei Dampflokomotiven und fünf historische Wagen vom Typ B3, D3, ABi und SRi stehen für Sonderfahrten zur Verfügung. Sursee ist übrigens eine kleine Stadt am nördlichen Ende des Sempacher Sees. Die Trasse der ST führt an der Sure entlang durch ein von der Landwirtschaft geprägtes Tal. Geuensee und Büron heißen die Dörfer, an welchen die Dampf- und Dieselzüge vorbeirattern. Ursprünglich war eine Verbindung über Schöftland mit Aarau erwogen worden. Dies scheiterte dann jedoch wie so oft an den Finanzen. In den 1960er-Jahren versuchte die Sursee–Triengen-Bahn den Personenverkehr mit deutschen Schienenbussen wirtschaftlicher zu gestalten. Zum Einsatz kam ein solches Fahrzeug allerdings nie.

INFO

Anreise: Sursee liegt an der Schnellzugstrecke Olten–Luzern. InterCity fahren vorbei, IR halten teilweise. **Fahrplanfeld:** ohne Eintrag im Kursbuch. **Streckenlänge:** 8,9 km pro Weg. **Fahrzeit:** ca. 20 min bis Triengen. **Reservierungen:** obligatorisch. **Verkehrszeiten:** am letzten Sonntag im September öffentliche Dampffahrten. **Besonderes:** Fotohalte und Verpflegung im Zug. **Spurweite:** 1.435 mm.

Triebfahrzeuge: E 3/3 Nr. 5 und 8522, Em 2/2 Nr. 1–2, Dm 1/2 (selbst gebaute Draisine).

Info: ST 041 921 40 30, www.dampfzug.ch

Museumszüge: RiT

Seit Frühjahr 2001 wieder in Betrieb: die Riffelalptram, hoch über Zermatt. Foto: Vally Gohl

Die auferstandene Tram

Riffelalptram (RiT)

Die höchstgelegene Trambahn Europas, 1899 erbaut und 1961 stillgelegt, wurde im Juni 2001 zu neuem Leben erweckt. Im Laufe des Sommers 2000 verlegten die Betreiber neue Gleise (Spurweite 800 mm) für die beiden historisch wertvollen Triebfahrzeuge. Die hölzernen Wagenkasten mussten wegen der langen Stillstandszeiten komplett neu aufgebaut werden. Der ehemalige Beistellwagen (Anhänger) existiert nicht mehr, wurde aber nachgebaut. Die beiden Triebfahrzeuge sind mit einer Vielfachsteuerung ausgestattet. Ein Wagenführer kann also mit beiden zusammengekoppelten Fahrzeugen gleichzeitig fahren. Die Tram in ihrer neuen Form fährt mit Batterie (80 Volt/ 10–12 kW). Mit der Eröffnung des neuen Riffelalphotels nahm auch die Riffelalptram ihren Betrieb auf. Das erste Hotel auf der Riffelalp brannte am 15. Februar 1961 bis auf die Grundmauern nieder. Die Tram blieb unversehrt, wurde jedoch überflüssig. Die neue Strecke mit zwei Stationen und zwei Weichen hat eine Länge von 675 m (inkl. Kehrschleife beim Hotel).

INFO

Anreise: Zermatt wird mit der MGB von Brig aus erreicht. Nach Brig gelangt man von Bern aus über den Lötschberg. **Fahrplanfeld:** ohne Eintrag im Kursbuch. **Streckenlänge:** 675 m. **Fahrzeit:** 2–3 Minuten. **Reservierungen:** nicht möglich. **Verkehrszeiten:** täglich während der Sommersaison. **Besonderes:** Batteriebetrieb. **Spurweite:** 800 mm.

Triebfahrzeuge: Zwei historisch neu aufgebaute Tramwagen aus dem Jahre 1899.

Info: Riffelalp Resort 027 966 05 55, www.zermatt.ch/riffelalp/

Museumszüge: Tonkin

In Bouveret steht das »Tigerli« E 3/3 für die Reise nach Frankreich bereit. Foto: Vally Gohl

Mit Dampf und Diesel am Genfer See

Ligne du Tonkin

Bouveret, ein kleines Dorf auf der Südseite des Genfer Sees, ist aus verschiedenen Gründen eine Reise wert. Hier gibt es einmal den Swiss Vapeur Parc. Das Life-steam-Paradies liegt in landschaftlich reizvoller Umgebung direkt hinter dem Yachthafen von Bouveret. Rund 1.500 m Schienen führen durch einen 13.000 m² großen Park – ein Swiss Miniatur der Westschweiz. Mit den Zügen, die auf fünf und 7 1/4 Zoll breiten Schienen fahren, gehts rund um das Modellbahngelände.

Gleich daneben startet am Bahnhof die Museumsbahn nach Frankreich. Die Strecke ist immerhin 21 km lang und nennt sich »Ligne du Tonkin«. Vor allem die Franzosen haben viel Initiative entwickelt, um die einst stillgelegte Strecke wieder in Betrieb zu nehmen. Neben dem Schweizer Dampfzug namens »Rive Bleu Express« – er wird von einer E 3/3 gezogen – gibts auch einen Dieselzug. Er besteht aus einer französischen Lok und zwei umgebauten Mitteleinstiegswagen der SBB. Ziel der etwa einstündigen Fahrt entlang dem malerischen Genfer See ist Evian.

INFO

Anreise: Bouveret erreicht man via Lausanne und St-Maurice (umsteigen). Der Regionalzug fährt bis an die französische Grenze bei St-Gingolph. **Fahrplanfeld:** ohne Eintrag im Kursbuch. **Streckenlänge:** 21 km pro Weg. **Fahrzeit:** ca. 60 min bis Evian (F). **Reservierungen:** für Gruppen obligatorisch. **Verkehrszeiten:** von Anfang Juni bis Mitte September am Dienstag, Freitag und Sonntag. **Besonderes:** Ausweispapiere mitnehmen. **Spurweite:** 1.435 mm.

Triebfahrzeuge: Eine Dampf- und Diesellok.

Info: Office du tourisme 024 481 51 21
www.bouveret.ch

Museumszüge: DBB

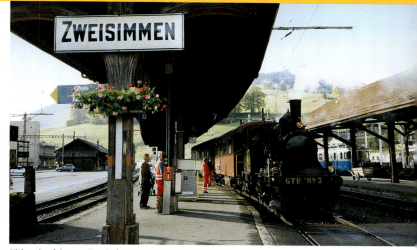

Nicht sehr oft kommt die Ed 3/3 Nr. 3 nach Zweisimmen im Simmental. Foto: Urs Gerber

Stellenlose revidieren Dampflok

Verein Dampfbahn Bern (DBB)

Der Verein Dampfbahn Bern besteht seit 1970. Anlass zur Vereinsgründung war die Revision der Dampflok E 3/3 Nr. 1 »Lise« des Gaswerks Bern durch die Lehrlinge der Firma WIFAG. Heute verfügt der Verein über acht Dampflokomotiven, fünf davon sind betriebsfähig. Die Maschinen sind in den Depots Laupen (STB), Burgdorf (RM) und Spiez (BLS) stationiert. Die im Juli 1998 vom Sockel in Schwarzenburg geholte Denkmallokomotive Ed 3/4 wird in der Werkstätte des Regionalverkehrs Mittelland (RM) aufgearbeitet. Bereits zwei Tage nach dem Eintreffen begann man mit der Demontage der Lok. Die Fronarbeiter des Vereins werden dabei von Stellenlosen unterstützt, die im Rahmen des Projekts »Futura Emmental« Hand anlegen. Es wird mit einer Arbeitszeit von mehreren Jahren gerechnet.

> **INFO**
>
> **Anreise:** Der Einsatz der DBB-Züge erfolgt ab den Depots Laupen, Burgdorf und Spiez. **Fahrplanfeld:** ohne Eintrag im Kursbuch. **Strecke:** auf dem gesamten BLS-, RM- und STB-Netz. **Fahrzeit:** nach Vereinbarung. **Reservierungen:** obligatorisch. **Verkehrszeiten:** Dampffahrten im Auftrag der BLS, RM und STB. **Besonderes:** Zu den Personenwagen gehört auch der ehemalige Beiwagen des Roten Pfeils vom Typ ABDi Nr. 282. **Spurweite:** 1.435 mm.
>
> **Triebfahrzeuge:** Der Verein verfügt über acht Dampfloks, zwei davon sind noch in Revision, eine ist in St.-Sulpice stationiert. Es handelt sich dabei um drei E 3/3, eine Ed 3/3, eine Ed 3/4, eine Ed 4/5, eine Ec 4/5 und eine Eb 3/5.
>
> **Info:** DBB 033 336 35 11, www.dbb.ch

Museumszüge: VVT

Dampfstimmung »total« bei den Enthusiasten des Vapeur Val-de-Travers. Foto: Foto-Service SBB

Respektables Werkstattdepot in St.-Sulpice

Vapeur Val-de-Travers (VVT)

Durch das Val-de-Travers im Kanton Neuenburg braust nicht nur der TGV auf seiner Fahrt von Zürich nach Paris. Während die internationalen Schnellzüge die Trasse hoch über den Dörfern benutzen, fährt die Regionalbahn RVT im Talboden. Dritter im Bunde ist die Museumsbahn Vapeur Val-de-Travers (VVT), deren Werkstätte und Depot sich in St.-Sulpice befinden. Hier stehen recht interessante Dampflokomotiven. Weiter verfügt der Verein über eine Drehscheibe mit zwölf Metern Durchmesser, zwei mechanische Formsignale, einen Wasserturm und eine Bekohlungsanlage. Die Sonderfahrten mit dem historischen Rollmaterial finden meist zwischen St.-Sulpice, Travers und Les Verrières statt. Die früher in St. Sulpice stationierten Großdampfloks haben inzwischen eine neue Heimat gefunden. Für die steigungsreichen Strecken (bis zu 17‰) wurde in Form einer polnischen Tenderlok ein angemessener Ersatz gefunden. Sie steht seit 1996 im Einsatz. Sehenswert ist in St-Sulpice das Ecomusée, ein uraltes Wasserkraftwerk, und der Quelltopf der Areuse.

INFO

Anreise: St.-Sulpice erreicht man von Zürich, Bern und Basel via Neuchâtel. Von dort aus weiter mit dem RVT- oder SBB-Regionalzug über Travers und Fleurier. **Fahrplanfeld:** 221.1. **Streckenlänge:** 14 km (Netz RVT). **Fahrzeit:** je nach Anlass und Fahrt unterschiedlich. **Reservierungen:** nur für Gruppen. **Verkehrszeiten:** an verschiedenen Wochenenden im Jahr (siehe Kursbuch). **Besonderes:** Kinder und Jugendliche bis 16 Jahre gratis. **Spurweite:** 1435 mm.

Triebfahrzeuge: SLASK 040 (polnische Tenderlok), E 2/2 und E 3/3 »Tigerli«.

Info: VVT 032 751 38 07, www.vvt.ch

Freizeitpark: Swiss Miniatur

33 Triebfahrzeuge und 315 Wagen ziehen ihre Bahn auf zwei Kilometer Gleis in Melide.
Foto: Dietmar Beckmann

Kleine Schweiz ganz klein

Swiss Miniatur

Palmen, subtropische Blumen, dunkelgrüne Kastanienwälder und ein tiefblauer See vermitteln südländische Ferienstimmung. Wir sind im Tessin, genauer gesagt auf dem Damm von Melide, wo seit 1959 das Swiss Miniatur steht. Im Süden und Norden der Luganer See, auch Cerésio genannt, umgeben von der kleinen Schweiz – diesmal noch kleiner als sonst. Im Swiss Miniatur findet man die wichtigsten Attraktionen des Landes in einem überblickbaren Freizeitpark vereint. Hier steht das Matterhorn neben der Luzerner Kapellbrücke, der Titlis samt Seilbahn neben dem Flughafen Kloten; aber auch Schlösser, Burgen, ja sogar das Bundeshaus – alles 25-mal kleiner als in Wirklichkeit. Natürlich darf die

INFO

Anreise: Mit dem InterCity über den Gotthard nach Lugano, von dort fährt der Regionalzug bis Melide. **Streckenlänge:** zwei Kilometer Modellbahngleise. **Maßstab:** 1:25. **Reservierungen:** nicht möglich. **Öffnungszeiten:** Mitte März bis Mitte November. **Besonderes:** faszinierende Beleuchtung der Anlage am Abend (nur Juli/August). **Spurweite:** 57 mm.

Triebfahrzeuge: 33 Lokomotiven und Triebwagen, darunter auch drei Re 460.

Info: Swiss Miniatur 091 640 10 60, www.swissminiatur.ch

Eisenbahn nicht fehlen, auch sie symbolisiert die Schweiz. So treffen wir auf die schönsten Privatbahnstrecken, auf Gotthardloks und längst vergessene TEE-Züge. Die Strecken sind nicht akribisch genau nachgebildet, der Gesamteindruck ist dennoch schön und in jedem Fall eine Reise in den sonnigen Süden wert. Und gleich hinter dem Swiss Miniatur fährt ja noch das Vorbild vorbei.

Freizeitpark: Verkehrshaus

Action-Show wie in Disneyland: mit der Stollenbahn in den Gotthardtunnel. Foto: Verkehrshaus der Schweiz

Einmal selbst Lokomotive fahren

Verkehrshaus der Schweiz

Welcher Junge, welches Mädchen, ja sogar welcher erwachsene Eisenbahnfan hat sich nicht schon einmal gewünscht, den »Steuerknüppel« in der Lok selbst in die Hand zu nehmen? Das ist jetzt möglich, und zwar am Simulator im Verkehrshaus der Schweiz. Dort setzt man sich hinter das Steuerpult einer Lok 2000 und kann zwischen verschiedenen Strecken auswählen. Hinter der Frontscheibe läuft ein Film ab, dabei müssen Signale und Geschwindigkeitsbegrenzungen beachtet werden. Auch Anhalten und Beschleunigen ist möglich. Neben dem Simulator bietet das Verkehrshaus in Luzern natürlich noch etliche andere Exponate zum Thema Eisenbahn – auch im Maßstab 1:1. Wer es spannend mag, begibt sich auf eine abenteuerliche, unterirdische Stollenfahrt durch den Gotthardtunnel. Dabei erlebt man den Bau dieses gigantischen Werkes. Wassereinbrüche und Explosionen gehören zur Show! Modelleisenbahner aufgepasst: Im Verkehrshaus gibt es schöne Dioramen, Sammlungen und eine exakt nachgebildete Anlage der Gotthardbahn.

INFO

Anreise: Luzern erreicht man von Zürich über Zug von Basel via Olten und von Bern über Wolhusen. Von dort mit der S3 oder dem Voralpenexpress bis zur neuen Station »Verkehrshaus«.
Öffnungszeiten: das ganze Jahr, im Winter leicht reduziert (nur von 10.00–17.00 Uhr). **Besonderes:** interessante, Teilweise interaktive Eisenbahn-Ausstellung.

Triebfahrzeuge: Viele Ausstellungsstücke, darunter das Krokodil, der Rote Pfeil usw.

Info: Verkehrshaus 0848 85 20 20, www.verkehrshaus.ch

Trambetriebe: VBZ

Die neue Zürcher »Cobra«-Tram überholt einen »Mirage«-Motorwagen. Foto: Ronald Gohl

Blinde Kühe und Schlangen auf der Züri-Linie

Verkehrsbetriebe Zürich (VBZ)

Die Geschichte der Züri-Linie nahm im Jahr 1893 ihren Anfang, als die Elektrische Straßenbahn Zürich (ESB) gegründet wurde. Von Anfang an kamen elektrische Meterspur-Tramwagen zum Einsatz. Bereits zwei Jahre nach Betriebseröffnung übernahm die Stadt das Unternehmen, das in Städtische Straßenbahn Zürich (StStZ) umgetauft wurde. Die Umbenennung in die heutigen VBZ (Verkehrsbetriebe Zürich) erfolgte 1954. Weil mehrere U-Bahn-Projekte scheiterten, setzte die Stadt auch weiter auf ihre Tram. Am günstigsten erkundet man das 68 km lange Netz der VBZ mit einer Tageskarte. Der Fahrzeugpark der Züri-Linie ist nicht besonders typenreich. Viele Trams verkehren in Doppeltraktion, einige zusammengekoppelte Triebwagen sind ohne Führerstand und werden deshalb als »blinde Kühe« bezeichnet, neu ist die Niederflurtram »Cobra« – eine mehrgliedrige »Schlange«, made in Switzerland.

INFO

Anreise: Zürich ist Bahnknoten Nr. 1 der Schweiz und wird aus allen Himmelsrichtungen erreicht. **Fahrplanfeld:** nicht im Kursbuch, die VBZ haben einen separaten Fahrplan. **Streckennetz:** 68,1 km (Gesamtnetz). **Fahrzeit:** je nach Wahl der Linie unterschiedlich. **Reservierungen:** nicht möglich. **Verkehrszeiten:** das ganze Jahr. **Besonderes:** Partytram, sie wird für Gesellschaftsfahrten eingesetzt. **Spurweite:** 1.000 mm.

Triebfahrzeuge: Am häufigsten sieht man die Tram 2000 Be 4/6 (Baujahr 1977), gefolgt von den »Mirage«-Trams Be 4/6 (Baujahr 1966), seit kurzem auch die »Cobra«. Ältere Motorwagen aus den Jahren 1949–60 können auf wenigen Linien noch gesehen werden.

Info: VBZ 0848 988 988, www.vbz.ch

Trambetriebe: BVB

Mit der neuen Combino-Tram auf der Linie 8 Richtung Neuweilerstraße. Foto: Vally Gohl

»Dante Schuggi« und »Guggumere«

Basler Verkehrsbetriebe (BVB)

»Guggumere« heißt auf Baseldeutsch so viel wie Gurke – und damit meint man ganz unrespektierlich die neuen, beim ehemaligen Rollmaterialhersteller Schindler gebauten Gelenktriebwagen des Typs Be 4/6 Nr. 659–686. Unter »Dante Schuggi« versteht der Insider den einzigartigen Tram-Motorwagen Ce 4/4 Nr. 450 aus dem Jahre 1915. Er war wohl das erste Fahrzeug mit Niederflureinstieg. Die Tram verkehrt heute als Speisewagen.

Basel ist die wichtigste Tram-Stadt der Schweiz, denn hier zirkulieren die Fahrzeuge von gleich zwei Straßenbahngesellschaften – die grünen Motorwagen der Basler Verkehrsbetriebe (BVB) und die gelben Trams der Baselland Transport (BLT). Natürlich fährt man im Tarifverbund, übrigens bis über die Landesgrenzen hinaus. Mit dem gelben Tramzug der Linie 11 gehts von Aesch im Baselbiet bis zur französischen Grenze in St. Louis. Und der gelbe 10er fährt sogar durch Frankreich und wieder zurück in die Schweiz. Mit den neuen »Combinos« hat auch die Tram-Zukunft in Basel begonnen.

INFO

Anreise: Basel ist Verkehrsknoten der Nordwestschweiz. **Fahrplanfeld:** nicht im Kursbuch. **Streckennetz:** 63,2 km. **Fahrzeit:** variabel, je nach Linie. **Reservierungen:** nicht möglich. **Verkehrszeiten:** das ganze Jahr. **Besonderes:** zwei Tram-Unternehmen. **Spurweite:** 1.000 mm.

Triebfahrzeuge: Verschiedene Motorwagen, nur noch wenige Vierachser aus den Fünfzigerjahren, die deutschen Gelenktriebwagen der Marke »Düwag« (Be 4/6 Nr. 603–658) werden von den »Combinos« abgelöst.

Info: BVB 061 685 12 12, www.bvb-basel.ch

Trambetriebe: SVB

Die Verkehrsbetriebe »bern mobil« verfügen über zwölf Niederflur-Be 8/8.   Foto: SVB

Dichter Verkehr mit Achtachsern

Städtische Verkehrsbetriebe Bern »bern mobil« (SVB)

Bern hat als Hauptstadt der Schweiz nicht gerade europäischen Großstadtcharakter. Umso bemerkenswerter ist das dichte Verkehrsaufkommen der Berner Trams. Fast pausenlos fahren sie durch die Altstadt und kurven dabei in engen Bögen an Stadttoren und anderen Sehenswürdigkeiten vorbei. Zum Einsatz kommen fast ausschließlich achtachsige Gelenktriebwagen aus zwei Generationen (Baujahre 1973 und 1989), wobei die neuere Variante Niederflureinstiege aufweist. Die meisten Linien treffen beim Hauptbahnhof zusammen. Neben modernstem Rollmaterial verfügen die SVB auch noch über eine stattliche Anzahl historisch wertvoller Motorwagen. Diese werden als Märlitram oder zu allerlei anderen Anlässen eingesetzt. Nicht unerwähnt bleiben dürfen in diesem Zusammenhang die Aktivitäten des Tramvereins Bern (Postfach 8445, CH-3001 Bern). Sie setzen sich für die langfristige Erhaltung der Oldtimer ein.

> **INFO**
>
> **Anreise:** Bern ist InterCity-Drehscheibe. Selbst TGV, ICE und Cisalpino sieht man hier regelmäßig. **Fahrplanfeld:** nicht im Kursbuch, die SVB haben einen separaten Fahrplan. **Streckennetz:** 13,9 km. Fahrzeit: variabel, je nach Linie. **Reservierungen:** nicht möglich. **Verkehrszeiten:** das ganze Jahr. **Besonderes:** Zwischen Zytglogge und Bahnhof begegnet man den meisten Trams. **Spurweite:** 1.000 mm.
>
> **Triebfahrzeuge:** 16 Gelenktriebwagen Be 8/8 Nr. 711–726, zwölf Be 8/8 Nr. 731–742, zehn Be 4/4 Nr. 621–630 (Baujahr 1960/ 61), zwei Be 4/4 Nr. 605 und 607 von 1947. Ferner Ce 2/2 Nr. 37, Ce 4/4 Nr. 145 »Märlitram«, Ce 4/4 Nr. 647 (Speisewagen) u.a.
>
> **Info:** bern mobil 031 321 88 88, www.bernmobil.ch

Trambetriebe: TN

Motorwagen Be 4/4 Nr. 504 der Linie 5 Neuchâtel–Boudry. Foto: Vally Gohl

Tram oder Vorortbahn?

Transports Publics Neuchâtelois (TN)

Straßenbahn-Freaks sind sich nicht ganz einig, ob es sich bei der Linie 5 der Transports Publics Neuchâtel (TN) um eine Tram oder eine Vorortbahn handelt. In unserem Reiseführer lassen wir die sechs Triebfahrzeuge und sechs Steuerwagen als Trambahn gelten.

Die Straßenbahnen von Neuchâtel wurden in den 1970er-Jahren demontiert und aufgegeben, überlebt hat einzig die Linie 5. Einst besaß die Stadt jedoch ein zu ihrer Größe gut ausgebautes Netz. Drei historische Fahrzeuge sind bis heute erhalten geblieben. Sie werden vom Museumsverein ANAT (Association Neuchâteloise des Amis du Tramway) betreut und können auf der Linie 5 für Sonderfahrten eingesetzt werden.

15 Minuten dauert die Fahrt vom Place Pury am Ufer des Neuenburger Sees bis Boudry, einem kleinen Vorort. Zwischen den beiden Endstationen werden neun Stationen bedient. Die heutigen Tramzüge vom Typ »Littorail« stehen seit 1981 im Einsatz und haben den veralteten Fahrzeugpark vollständig abgelöst. Damit ist auch langfristig der Weiterbestand der Neuenburger Straßenbahn gesichert.

INFO

Anreise: Nach Neuchâtel fahren die S-Bahn Bern sowie ICN von Biel und Lausanne. **Fahrplanfeld:** 213. **Streckenlänge:** 8,9 km pro Weg. **Fahrzeit:** 15 min bis Boudry. **Reservierungen:** nicht möglich. **Verkehrszeiten:** das ganze Jahr, während der Spitzensaison alle 20 Minuten. **Besonderes:** nur eine Wagenklasse, Billetts am Automaten lösen. **Spurweite:** 1.000 mm.

Triebfahrzeuge: Sechs Be 4/4 Nr. 501–506, Be 2/2 Nr. 73, Be 2/4 Nr. 45, Be 4/4 Nr. 83.

Info: TN 032 720 06 00, www.tnneuchatel.ch

Trambetriebe: TPG

Die neuen 7-gliedrigen Straßenbahnzüge für die Stadt Genf sind bestellt. Foto: TPG

Genf sieht die Zukunft mit Tram

Transports publics genevois (TPG)

Auch Genf ist eine wichtige Schweizer Tram-Stadt. Im westlichsten Zipfel der Schweiz hat man sogar die Straßenbahn wieder entdeckt. In den Jahren 1956–1969 verschwanden insgesamt sieben Linien, die auf Bus oder Trolleybusbetrieb umgestellt wurden. Übrig blieb einzig die Linie 12, die von Bachet-de-Pesay über die Innenstadt an die französische Grenze bei Moillesulaz führt. Doch damit wollten sich die Genfer nicht zufrieden geben. Bei der allgemeinen Rückbesinnung auf den öffentlichen Verkehr wurde auch in der Diplomaten-Stadt die Tram neu »erfunden«. Schließlich baute man wieder Gleise in die Straßen und am 27. Mai 1995 konnte mit einer großen Feier die neue Linie 13 in Betrieb genommen werden. Sie führt von Palettes über Carouge und Plainpalais nach Cornavin. Damit nicht genug. Heute sind sieben Linien mit meist modernen Triebwagen auf dem stetig wachsenen Netz in Betrieb. Seit dem 30. 4. 2011 fährt die Linie 18 über die Neubaustrecke bis Cern.

INFO

Anreise: Genf erreicht man mit dem IC von Zürich, Bern und von Basel aus. **Fahrplanfeld:** nicht im Kursbuch, die TPG haben einen separaten Fahrplan. **Streckennetz:** 11,8 km. **Fahrzeit:** variabel, je nach Linie. **Reservierungen:** nicht möglich. **Verkehrszeiten:** das ganze Jahr. **Besonderes:** Neubau von Tramlinien – 2003 bis Sécheron (Linie 13), 2004 bis Acacias (Linie 17), 2008 bis Cornavin-Meyrin CERN. **Spurweite:** 1.000 mm.

Triebfahrzeuge: 24 Be 4/6 Nr. 801–826 (Baujahre 1984–88), 21 Be 4/8 Nr. 831–852 (Baujahre 1988–1989), 39 Be 6/8 Nr. 861–881 (Baujahre 2004–2005 und 2009–2010). Außerdem werden noch drei ehemalige Motorwagen vom Genfer Museumsverein in betriebsfähigem Zustand gehalten.

Info: TPG 022 308 33 11, www.tpg.ch

Wandern: Vereina

Ein Autozug fährt bei Selfranga in das Nordportal des Vereinatunnels. Foto: Tibert Keller

Am längsten Schmalspurtunnel der Welt

An der Vereina-Linie

In Davos Laret, dem Ausgangspunkt unserer Wanderung, werden im Winter die höchsten Schneemengen gemessen. Doch glücklicherweise ist jetzt Sommer und so wandern wir am traumhaften Schwarzsee vorbei in Richtung Hauptstraße. Diese wird rasch überquert, auf der anderen Seite folgen wir dem Waldweg entlang dem Stützbach. Die laute Autostraße lassen wir links oben liegen und steigen in mehreren Kehren durch Lichtungen den Hang hinunter. Sobald sich das Tal etwas weitet, erkennen wir vor uns liegend den Eingang zum 19.058 m langen Vereinatunnel, dem längsten Schmalspurtunnel der Welt. Verschiedene Landwirtschaftswege, welche die Hänge hinaufführen, erlauben eine gute Übersicht auf die interessante Anlage. Acht Jahre lang dauerten die Bauarbeiten am Vereinatunnel, der eine bessere Verbindung ins Unterengadin ermöglicht. Unser Wanderweg unterquert die Gleisanlagen und führt über den Ortsteil Selfranga nach Klosters.

INFO

Anreise: Nach Davos Laret fährt von Landquart aus die Rhätische Bahn (Fahrtrichtung Davos). Fahrplanfeld: 910. Weglänge: 6 km. **Marschzeit:** 1 h 30 min. **Höhenunterschied:** 330 m bergab. **Ideale Reisezeit:** Juni bis Oktober. **Verpflegung:** Gasthäuser in Davos Laret, Selfranga und Klosters, unterwegs aus dem Rucksack. **Besonderes:** In Davos hält nur zirka alle zwei Stunden ein Zug. **Spurweite:** 1.000mm.

Triebfahrzeuge: Im Dreieck Klosters, Selfranga und Davos können alle drei Serien der Baureihe Ge 4/4 beobachtet werden. Auch Glacier- und Bernina-Express fahren im Sommer über Davos.

Info: Davos Tourismus 081 415 21 21, www.davos.ch oder www.rhb.ch

Wandern: Albula

Albula-Linie: imposantes Bahnland mit 39 Tunnels und 55 Viadukten auf 16,2 km.   Foto: Ronald Gohl

Das Labyrinth der Bahn

Bahnhistorischer Lehrpfad Preda–Bergün

Bergün steht bei Eisenbahnfans im Zentrum des Interesses. Der kleine Familienferienort liegt an der Albula-Passstraße im Kanton Graubünden. Hier gibt es im Dorfmuseum nicht nur eine 13 m lange Nachbildung der spektakulären Albula-Nordrampe. Das Vorbild der Rhätischen Bahn kann gleich an Ort und Stelle bewundert werden. Im Jubiläumsjahr 2003 (100 Jahre Albula) verkehrt an Wochenenden vom 28. Juni bis 12. Oktober sogar ein fahrplanmäßiger historischer Zug (Kursbuch beachten). In den alten Holzwagen sausen die Gäste über schwindelerregende Viadukte und durch unheimliche Kehrtunnels. Die einfache Fahrt dauert rund 40 Minuten und ist auch für die Kleinsten das Größte! In Preda auf 1.788 m ü. M. angekommen, gehts dann auf dem historisch interessanten Bahnlehrpfad nach Bergün hinunter. Schautafeln informieren über die Durchfahrt von Zügen. Sehen kann man fünf Spiraltunnels und fünf größere Viadukte – ein lohnender Bahn-Spaß.

INFO

Anreise: Nach Bergün fährt von Chur aus die Rhätische Bahn (Fahrtrichtung St. Moritz). **Fahrplanfeld:** 940. **Weglänge:** 8 km. **Marschzeit:** 2 h 30 min. **Höhenunterschied:** 416 m bergab, dazwischen kurze Aufstiege. **Ideale Reisezeit:** Juli bis Oktober. **Verpflegung:** aus dem Rucksack. **Besonderes:** Im Winter wird die Albula-Passstraße als Rodelbahn benutzt. **Öffnungszeiten Dorfmuseum:** jeweils am Mittwoch- und Donnerstagabend, im Juli/August zusätzlich am Samstag von 16.30 bis 18.00 Uhr. **Spurweite:** 1.000 mm.

Triebfahrzeuge: Auf der Albulastrecke verkehren sowohl Güterzüge wie auch Bernina- und Glacier-Express.

Info: Verkehrsverein Bergün 081 407 11 52, www.berguen.ch oder www.rhb.ch

Wandern: Kandertal

Auch Versuchszüge fahren auf der Lötschberg-Nordrampe, z.B. 12X-Lok bei Rybrügg. Foto: ADtranz

Auf und ab über dem NEAT-Loch

Lötschberg-Nordrampe

Der 15. Juli 1913 war ein denkwürdiger Tag in der Geschichte der BLS Lötschbergbahn. Nach einer großen Feier wurde die durchgehende Strecke Spiez–Kandersteg–Brig dem Betrieb übergeben. Von Anfang an kamen Elektroloks am Lötschberg zum Einsatz. Zwischen Frutigen und dem Lötschberg-Nordportal bei Kandersteg müssen die Züge 460 Höhenmeter überwinden. Hier bewähren sich die stärksten Loks der Welt, denn Anfahren auf 27‰ Trassenneigung ist kein Pappenstiel.

Seit 1993 gibt es den Bahn-Lehrpfad, der von Kandersteg über Blausee-Mitholz nach Kandergrund führt. Braune Wegweiser leiten zum und über den Erlebnis-Pfad. Unterwegs gibt es über 40 Schautafeln mit Erläuterungen und grafischen Fahrplänen. Hier erfährt man etwas über Bogenbrücken, Naturstein-Gewölbeviadukte, Lehnviadukte, Zwergsignale, Energieversorgung und vieles mehr – eine Wanderung mit hochinteressantem »Background«.

> **INFO**
>
> **Anreise:** Nach Kandersteg fährt man von Spiez mit dem RE »Der Lötschberger«. **Fahrplanfeld:** 330. Weglänge: 8 km. **Marschzeit:** 3 h. **Höhenunterschied:** 316 m bergab, dazwischen kurze Aufstiege. **Ideale Reisezeit:** Mai bis Oktober. **Verpflegung:** Gasthäuser in Kandersteg und Kandergrund, unterwegs aus dem Rucksack. **Besonderes:** Von Kandergrund zurück nach Frutigen mit dem BLS-Regionalbus. **Spurweite:** 1.435 mm.
>
> **Triebfahrzeuge:** Auf der Lötschberg-Nordrampe fahren die neuen Triebwagen RABE 535 und gelegentlich noch Güterzüge, vorwiegend in Süd-Nord-Richtung. Die Fernzüge und auch die meisten Güterzüge fahren seit Ende 2007 durch den Basistunnel.
>
> **Info:** Kandersteg Tourismus 033 675 80 80, www.kandersteg.ch oder www.bls.ch

Wandern: Lötschenrampe

Ein Bild mit historischem Wert: der Luogelkinviadukt ist heute doppelspurig. Foto: BLS-Lötschbergbahn

Höhenweg mit Wasserleitung

Lötschberg-Südrampe

Auf der anderen, der südlichen Seite des Lötschbergs gibt es zwar keine Schautafeln, dennoch gilt der Höhenweg unter Eisenbahnfans als Geheimtipp. Der Weg verläuft immer wieder in der Nähe der Bahntrasse. Unzählige Fotostandorte bieten sich dem Fan, darunter faszinierende Ausblicke auf turmhohe Viadukte mit den Walliser Alpen im Hintergrund. Luogelkinviadukt, Baltschiederviadukt, Bietschtalviadukt heißen die spektakulärsten Bauwerke. 47 m hoch sind die Pfeiler des Luogelkinviaduktes unterhalb Hohtenn. Die Bietschtal-Stahlbrücke hat ein Gewicht von etwa 1.000 Tonnen. Doch der Weg bietet auch landschaftliche und botanische Höhepunkte. Wer sich für Volkskunde interessiert, staunt über die verwegenen Anlagen von Wasserleitungen, von den Einheimischen »Bissen« genannt. Und überall zeugen die typischen dunklen Walliserhäuser, welche meist auf großen Schieferplatten ruhen, von der örtlichen Kultur der Bergbauern.

> **INFO**
>
> **Anreise:** Nach Hohtenn fährt man von Spiez oder Brig mit dem RE »der Lötschberger«.
> **Fahrplanfeld:** 300. **Weglänge:** 18 km.
> **Marschzeit:** 5 h 30 min bis Lalden. **Höhenunterschied:** 277 m bergab, dazwischen kurze Aufstiege. **Ideale Reisezeit:** April bis November. **Verpflegung:** Gasthäuser am Weg oder aus dem Rucksack. **Besonderes:** griffige Wanderschuhe anziehen, denn der Weg ist schmal und steil. **Spurweite:** 1435 mm.
>
> **Triebfahrzeuge:** Wie auf der Nordrampe (s. Seite 188).
>
> **Info:** Bahnhof Goppenstein 027 938 81 81, www.bls.ch

Wandern: Alp Grüm

Gespenstisch: Fahrt mit der »Geisterbahn«, einer Stollenbahn der Rätia Energie.   *Foto: Luigi Zala*

Erlebnis Wasserkraft

Kraftwerksbahn Rätia Energie

Ausgangspunkt unserer Wanderung ist die autofreie Alp Grüm südlich vom Berninapass, wo wir uns einer geführten Tour durch die Kraftwerke Palü und Cavaglia anschließen. Als Erstes steigen wir durch den Alpengarten und entlang der Bahntrasse der Rhätischen Bahn zum malerischen Palüsee ab. Wie spannend Strom sein kann, erleben wir nach dem Betreten der Zentrale am See. Wir befinden uns in der geheimnisvollen Welt der unterirdischen Stollen, Druckleitungen, zwischen gigantischen Maschinengruppen und Pumpen. Nachdem wir ins Reich der Finsternis abgestiegen sind, erwartet uns die Geisterbahn. Die beiden Kraftwerke Palü und Cavaglia sind tief im Berginnern durch eine steile Stollenbahn miteinander verbunden. »Bitte einsteigen, Helm anziehen und anschnallen«, fordert uns unser Begleiter auf. Anschließend rattern wir an der 800 m langen Druckleitung entlang in die Eingeweide des Berges. Bei der RhB-Station Cavaglia beenden wir unseren Ausflug.

INFO

Anreise: Nach Alp Grüm fährt von Pontresina aus die RhB. Nach Pontresina gelangt man via Chur und Samedan. **Fahrplanfeld:** ohne Eintrag im Kursbuch. **Marschzeit:** 2 h. **Höhenunterschied:** 299 m bergab, insgesamt mit Geisterbahn sind es 560 m. **Ideale Reisezeit:** nur Juni bis Oktober. **Verpflegung:** Gasthaus in Alp Grüm oder aus dem Rucksack. **Besonderes:** Weil die Führungen nur jeweils an einem Dienstag und Donnerstag stattfinden, ist eine rechtzeitige Reservierung am RhB-Bahnhof erforderlich. **Spurweite:** 1000 mm.

Fahrzeuge: Offener Standseilbahnwagen der Marke »Eigenbau«, für Fahrgäste besteht Helmtragepflicht.

Info: Rätia Energie 081 839 72 11, www.REpower.ch

Wandern: Furka

Die Steffenbach-Brücke wird im Winter jeweils abgebaut und zusammengeklappt. Foto: DFB

Von Vietnam zum Furkapass

Furka-Bergstrecke

Nach der Eröffnung des Furka-Basistunnels (Oberwald–Realp) im Jahre 1982 schien die Bergstrecke dem Untergang geweiht. Zahlreiche Bahnfans rauften sich zusammen und gründeten den Verein Furka-Bergstrecke. Als wichtiger Meilenstein bei der Dampfbahn ging das Jahr 1992 in die Geschichte ein, vom Sommer an verkehrten erstmals wieder Züge auf der ehemaligen Trasse der Furka–Oberalp-Bahn (FO). Zum Einsatz kommen ausschließlich Dampflokomotiven – eine ehemalige Maschine der BVZ Zermattbahn und zwei Vietnam-Veteranen. Diese wurden von der FO in den Fünfzigerjahren nach Südostasien verkauft und 1990 von der DFB zurückgeholt. Zwei weitere »echte« Vietnamloks warten in der Schweiz auf eine Revision. Zwischen Furka und Realp verläuft parallel zum Bahngleis ein Wanderweg. Hier bieten sich dem Bahnfan interessante Einblicke in den Dampfalltag: z.B. Wasserfassen in der Kreuzungsstation Tiefenbach.

INFO

Anreise: Nach Realp fährt von Andermatt aus die FO. Nach Andermatt gelangt man via Luzern und Göschenen. **Fahrplanfeld:** 615. **Weglänge:** 7 km. **Marschzeit:** 2 h. **Höhenunterschied:** 623 m bergab, bei Tiefenbach kurzer Aufstieg. **Ideale Reisezeit:** Mitte Juni bis Oktober. **Verpflegung:** aus dem Rucksack. **Besonderes:** An Sonntagen sind mehr Züge unterwegs, bis im Jahr 2010 soll die Strecke über den jetzigen Endpunkt Gletsch hinaus bis Oberwald in Betrieb sein.. **Spurweite:** 1.000 mm.

Triebfahrzeuge: Zur Zeit kommen drei Dampfloks, eine HG 2/3 Nr. 6 »Weißhorn« und zwei HG 3/4 Nr. 1 »Furkahorn« und Nr. 2 »Gletschhorn« zum Einsatz.

Info: DFB 0848 000 144, www.furka-bergstrecke.ch

Das kleine Magazin!

- **Aktuelle Meldungen**
- **Fahrzeugtypen und ihre Geschichte**
- **Berühmte Strecken gestern und heute**
- **Chronik DB und DR**

▶ **Jeden Monat neu am Kiosk**

» online blättern und Vorteilspaket sichern unter: **www.lokmagazin.de**

Die schönsten Seiten der Eisenbahn

Ob vergangene Epochen deutscher Eisenbahngeschichte oder reizvolle Bahn-Regionen, ob Lokomotiv-Technik, aktuelle Reisetipps oder Jahreschroniken des Eisenbahnwesens:

BAHN EXTRA ist Eisenbahn im Großformat mit Fakten, Reportagen und brillanten Aufnahmen.

▶ **Alle 2 Monate neu am Kiosk**

» online blättern und Vorteilspaket sichern unter: **www.bahnextra.de**